绍兴文理学院出版基金资助

U0505730

消费者有外部选择的
市场实验
基于市场交易制度的视角

邵桂荣 ◎ 著

中国财经出版传媒集团

经济科学出版社
Economic Science Press

图书在版编目（CIP）数据

消费者有外部选择的市场实验：基于市场交易制度
的视角／邵桂荣著．—北京：经济科学出版社，
2021. 11
ISBN 978－7－5218－2524－4

Ⅰ. ①消…　Ⅱ. ①邵…　Ⅲ. ①网上购物－消费者行为
论－研究　Ⅳ. ①F713. 365. 2

中国版本图书馆 CIP 数据核字（2021）第 080408 号

责任编辑：王柳松
责任校对：李　建
责任印制：王世伟

消费者有外部选择的市场实验
——基于市场交易制度的视角

邵桂荣　著

经济科学出版社出版、发行　新华书店经销
社址：北京市海淀区阜成路甲 28 号　邮编：100142
总编部电话：010-88191217　发行部电话：010-88191522
网址：www. esp. com. cn
电子邮箱：esp@ esp. com. cn
天猫网店：经济科学出版社旗舰店
网址：http://jjkxcbs. tmall. com
北京季蜂印刷有限公司印装
710×1000　16 开　10. 25 印张　160 000 字数
2021 年 11 月第 1 版　2021 年 11 月第 1 次印刷
ISBN 978－7－5218－2524－4　定价：42. 00 元

前　言

交易平台的兴起，使市场交易费用中的搜寻成本显著缩减，这一动因激励消费者搜寻更优价格的产品，使其他外部选择对消费者而言是真实有效的。在半个多世纪之后的经济全球化浪潮中，在消费者有其他外部选择的条件下，再度来探讨科斯猜想具有理论价值和重要的现实意义。

产品同质性假设是古典政治经济学延至现代经济学的一个重要问题。由于条件局限，令许多研究不得不进行研究方法便利性的简化，产品同质性假设显然并不符合自然形成市场的产品多元化特征。消费者有其他外部选择是对产品同质性假设的拓展，是厂商迫于激烈竞争而提供多元化产品的结果。然而，这却为市场交易定价策略带来了难题。

本书从制度经济学理论入手，研究市场交易制度视角下消费者有外部选择的市场均衡价格变动，并运用实验经济学方法来检验经典的科斯猜想和拓展的科斯猜想，得出了具有新内涵的研究结论，丰富了经济学对这一问题的看法。

在经典的科斯猜想中引入消费者有其他外部选择的假设，市场环境的设定改变了。理论模型研究的结果表明，作为现代微观经济理论基石的科斯猜想失效了。经典科斯猜想认为耐用品垄断价格会降至与边际成本相等的竞争水平，而当消费者有其他外部选择时，在每一期，耐用品垄断卖方都会索要垄断价格，这与经典科斯猜想的开创性论述相悖。

孰是孰非？消费者有其他外部选择后，科斯猜想是否确实不再成立？这对市场均衡价格变动会产生怎样的影响？

为此，对市场交易制度上加以改进。由于消费者有其他外部选择，导致市场环境设定改变，在实验的设计方面，本书采用与之相匹配的交易制度。因此，在普遍存在的讨价还价交易制度中，引入搜寻过程。第一个实验结果显示出，搜寻行为是非常有效率的，搜寻结果通常不会比讨价还价更差，大多数买方行为符合搜寻的最优停止规则。在无外部选择和有外部选择的两个双边不完全信息讨价还价博弈的基础上，对理论模型做出预测。当交易过程足够简单时，将预测值与实验数据进行对比分析，可以发现搜寻行为与预测非常接近，而讨价还价行为却与预测存在偏差。

正是这些有关搜寻行为有趣的研究结果表明，设计有搜寻过程的市场交易制度实验，用以检验经典的科斯猜想及消费者有外部选择的科斯猜想是合理的。在此基础上的第二个实验结果显示，外部选择导致交易价格显著降低，且不因消费者数量和拖延成本等其他因素的影响而发生变化，具有相当良好的稳健性。消费者无论是没有外部选择，还是有（无论是内生或外生）外部选择，价格都随时间而不断降低，并收敛于完全垄断与完全竞争之间的一个均衡值。此均衡值既非传统科斯猜想模型的竞争低价，也非存在外部选择时科斯猜想的垄断高价。这一结论既不同于经典科斯猜想，也不同于存在外部选择的科斯猜想，但却很好地与经济现实相吻合。

本书的创新之处主要体现在以下四方面。一是伴随互联网购物日益普及，搜寻成本极大缩减，消费者有动力搜寻其他更优价格的产品。因而，消费者有外部选择这一假设更接近自然产生市场的产品多元化特征，对产品同质性简化假设的修正是真实有效和合理的。二是在系统化市场交易制度与市场环境之间关系的基础上，当市场环境发生变动时，尝试设计与之匹配的市场交易制度，将市场交易制度作为可控的内生变量进行研究。三是将消费者的外部选择细化为外生外部选择和内生外部选择，作为内生变量的后者——内生外部选择内生于市场。四是在消费者有无外部选择，以及有外生外部选择和内生外部选择的不同情况下，对比分析了市场交易价格的静态均衡和动态均衡，对经典和拓展的科斯定价理论进行实验检验。这些创新研究均依赖于对比分析和实验经济学的研究方法。

邵桂荣

2021 年 3 月

目　录

第一章 绪 论

第一节 研究目的和研究意义

关于消费者有其他外部选择的相关问题为什么开始引起广泛关注？根据科斯的交易费用理论，当搜寻成本与消费者所获得的净剩余相比更小时，消费者才愿意去搜寻其他价格更优的产品。发达的互联网和众多便捷的网络交易平台极大地缩小了交易费用之中的搜寻成本，使得其他外部选择对消费者是真实有效的。在搜寻成本迅速缩减的当代，再度探讨科斯猜想具一定的理论价值和重要的现实意义。

产品同质性假设是从古典政治经济学开始的，很多研究都不得不进行研究方法便利性的简化，这显然并不符合自然形成市场的产品多元化本性。产品簇、多元化产品的市场环境让消费者有了更多选择，使企业在激烈的市场竞争中由于提供多种产品而有机会胜出，是消费者和企业互利性的结果。然而，这却为市场交易的定价策略带来了难题。

古典经济学的代表人物亚当·斯密（Adam Smith，1776）将价格解释为由生产成本单独决定的，即仅仅关注正在交易的产品。之后，大卫·李嘉图的主要关注点转向"是什么导致了不同时期相对价格的变化？"，大卫·李嘉图将时间维度引入了对价格的研究。而约翰·穆勒对大卫·李嘉图的价值理论做出了基础性的改变，"如果需求增加，价值提高；如果需求减少，价值下降；此外，如果供给减少，价值提高；如果供给增加，价值下降。"这也可以用阿尔弗雷德·马歇尔的二元论供求均衡价格体系模式来呈现约翰·穆勒的长期价格理论。

不难看出，在传统的收益管理定价研究中，通常以单一产品为研究对象，而将其他产品，无论作为替代品或者互补品，均作为一种影响制约因素。这些替代品或互补品只是通过影响供求，进而使当前产品的市场均衡价格发生变化。因此，作为产品交易双方行为沟通的基本桥梁，关于多元化产品均衡价格变动及应对策略的研究，因涉及提高零售商收益和消费者效用而具有强烈的现实意义；价格决策作为实现社会资源和社会福利配置的重要手段，是经济理论研究的核心问题之一。转向消费者有其他外部选择的市场实验，正如在物理学中，由真空条件下探索物体运动过渡到有摩擦力时探索物体的运动是质的飞跃一样，使研究向自然产生的市场更近了一步。

本书对消费者有其他外部选择问题的探索，起于一个机缘。最先引起笔者注意的是，科斯具有开创意义的发现"科斯猜想"（Coase conjecture），科斯通过对耐用品的深入研究发现，其垄断产品的定价接近于边际成本的竞争性价格（当然，科斯研究的对象不包括政府垄断，如水、电等行业）。这与通常情况下垄断产品的均衡定价是垄断价格的一般结论相矛盾。随后，许多文献在理论上跟进研究，从不同角度证实科斯猜想的稳健性：当成本是非线性的（Kahn，1986），当产品随着时间而贬值（Bond and Samuelson，1984），当新买方进入时（Sobel，1991），当买方面临未来的竞争时（Fuchs and Skrzypacz，2010），科斯猜想都成立。

博德和皮西亚（Board and Pycia，2014）在引入消费者其他外部选择后，情况发生了逆转，科斯猜想失效了。博德和皮西亚认为，当消费者有其他外部选择时，在每一期，耐用品垄断卖方都会索要垄断价格。

孰是孰非？消费者有其他外部选择后，科斯猜想是否确实不再成立？市场均衡定价会如何变动？对卖方定价策略产生什么有益的启示？

利用从自然市场中收集来的数据来验证理论是极其困难的，因为理论所简化的前提假设很难在现实世界中成立。但是，实验却可以提供验证理论的途径，使研究者至少可以对理论进行最小检验（minimal test），即在满足了理论假设的前提下，检验理论能否给出合乎情理的"准确预测"。通过引入一个能被参与者完全理解的控制环境，实验方法可以提供一个最小化的理论检验。如果理论在被控制的"最佳"实验环境中都无法运行，那么，几乎没有理由期望它在复杂的自然世界中能够运行。

在实验设计方面，由于消费者有其他外部选择，为了与这种变化的交易环境相匹配，应当对基本交易制度进行改进。因此，在常见的讨价还价交易制度中引入搜寻过程，研究消费者进行交易时选择讨价还价，还是搜寻？探究搜寻是否有效率？

具体来说，本书将分以下四个方面阐述。

第一，将消费者的其他外部选择细分为市场外生变量和市场内生变量。关于外部选择的相关研究国内才刚刚起步，仅有的文献是将外部选择用于工作搜寻和专用性投资方面的研究；而关于消费者有外部选择的市场定价，国内几乎没有研究。国外涉及存在外部选择情况下的市场定价实验研究也并不多，比较分散，而且，存在结论和方法论方面的矛盾和争议。我们将在双边不完全信息条件下，将消费者的其他外部选择细分为市场外生变量和市场内生变量，对消费者有其他外部选择时的唯一均衡进行研究。

第二，市场交易制度在传统理论研究中通常作为外生变量。但是，市场交易制度的微小变化也能够对市场行为和市场绩效产生很大影响，是影响市场绩效的重要因素。在我们的实验研究中，当市场环境发生变动时，有对应的市场交易制度相匹配，即将市场制度当作可控的内生变量。

第三，通过梳理零散的市场交易制度和市场环境之间关系的文献，使之系统化，并将市场交易制度与市场环境相互匹配的原理应用于实验交易制度设计。对于消费者拥有外部选择的科斯猜想进行检验时，在借助实验判断搜寻的有效性基础上，将搜寻过程引入明码标价，改进了与变化的市场环境相匹配的基本交易制度。

第四，通过设计实验检验经典的科斯猜想和存在外部选择的科斯猜想。实验研究了消费者拥有外部选择，可以放弃搜寻其他卖方或者转向其他卖方，验证科斯猜想定价博弈。本书的研究考虑了卖方之间直接的价格竞争这是对奥苏贝尔和德内克雷（Ausubel and Deneckere，1987）以及戈尔（Gul，1987）研究的补充。从传统的伯川德定价（Bertrand pricing）到利用伯川德惩罚来维持垄断高价，这些模型都存在多重均衡。与之不同的是，我们的模型存在唯一的均衡。一旦我们证明了卖方选择不变价格，尽管有一定比例的折旧，但这个均衡类似于沃林斯基（Wolinsky，1986）或雷蒙德和雷诺（Raymond and Renault，1989）的研究结果，这个定价结果大大简化了分析。因而，通过将单个卖方模型嵌入搜寻过程及内生化外部选择导致的均衡结果，简化了搜寻模型的定价，为传统出价提供了研究基础。

第二节　研究框架与研究方法

一、基本框架

本书研究的基本框架，如图 1-1 所示。

二、主要内容

本书主要包括六部分。

第一部分为第一章，绪论，主要提出研究目的和研究意义，梳理了本书的逻辑框架结构、研究内容以及研究方法，最后，是可能的创新点。

第二部分为第二章，文献综述，基于交易制度的渊源，梳理了市场交易制度与市场环境相互关系的相关文献、基本交易制度及其改进的相关文献和消费者有其他外部选择的相关文献。当市场环境发生变动时，设计与之匹配的市场交易制度来考察其对绩效的影响，将市场交易制度当作可控的内生变量。讨价还价和明码标价是两种基本交易制度，各具特色。讨价还价作为最原始的市场交易制度，仍然普遍地存在于高度发达的市场经济中；由于减少了互动，明码要价交易制度节约了谈判成本，部分抵消了因为明码要价而抬高价格带来的低效率。我们可以对基本交易制度加以改进，以便与变化的市场环境相匹配。对于外部选择的相关研究，国内才刚刚起步，仅有的文献是将外部选择用于工作搜寻和专用性投资方面的研究；国外涉及外部选择的实验研究结论也不多，并且颇有矛盾和争议。另外，通过对搜寻文献的梳理发现，搜寻是一种优势行为。因此，借助实验方法，将搜寻过程引入消费者拥有外部选择交易

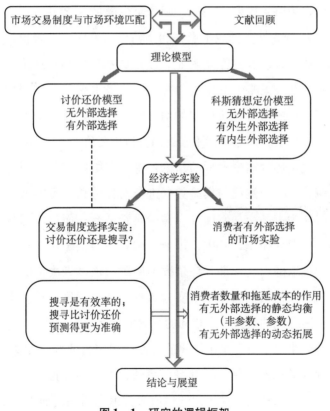

图 1-1　研究的逻辑框架

资料来源：笔者根据本书整体结构绘制而得。

的研究中，探求消费者有外部选择情况下的卖方定价问题。

第三部分为第三章，为第四部分、第五部分的实验提供理论基础。在第一小节中，双边不完全信息的讨价还价博弈存在唯一的纳什均衡。如果卖方认为买方是高估价类型，而且买方的信念不足够高，则低成本的卖方在第一期报出低价。如果卖方认为买方是高估价类型，而且买方的信念足够高，并且如果卖方关于买方是高估价类型的先验值足够低，则高估价的买方在第一期接受高价。如果所有条件都不成立，则均衡是混合策略。而在买方有外部选择的双边不完全信息的讨价还价博弈中，关于外部选择的信息是对称的。如果 $y_{hv}^* < p_1$，则高估价买方在 $t=1$ 期执行外部选择，并遵循保留价格策略。如果 $y_{hv}^* \geq p_1$，则若至少满足 $y_{hv}^* \leq p_h$ 和 $\pi_b^0 \leq \bar{\pi}_b$ 两个条件之一，在 $t=1$ 期，低成本卖方和高估价买方同意低报价；如果这两个条件都不成立，那么，若 $\pi_s^0 \leq \bar{\pi}_s$，则低成本卖方和高估价买方同意高报价，否则，在纯策略中不存在均衡。由此得出简单而有用的结论，在买方有外部选择的讨价还价博弈的均衡路径上，如果关于外部选择的信息是对称的，那么，买方永远不会返回去讨价还价。

这两个讨价还价理论模型的结论，将会在第四部分中用于对理论模型进行预测，并将预测值与实验数据进行对比分析，观察搜寻是否有效率？将搜寻作为市场交易制度加入实验是否适合？而第四部分的经济计量模型是一个混合模型，其中，每个被试者的类型是从三种类型共同的先验分布中抽取。这一部分计量模型用于对被试者决策的最大似然误差率的分析，评估我们的模型对实验数据的解释程度，计算得出被试者行为与他们所分配的类型完全相同的观察值比例。

第三部分第二小节考察了经典的科斯猜想定价博弈。在这个博弈中，买方有其他外部选择，每一期都可以行使，要么放弃搜寻，要么转向另一个卖方。外部选择的存在导致低估值买方退出市场，而不是推迟消费，因而抵消了导致科斯猜想的负选择。这有一个明显的效果是，存在唯一均衡，即卖方在每一期收取垄断高价，买方要么立即购买，要么退出。

这与经典科斯猜想的接近竞争低价的均衡相悖。此结论是对奥苏贝尔和德内克雷（Ausubel and Deneckere，1987）以及戈尔（Gul，1987）研究的补充，这几篇文献考虑了卖方之间直接的价格竞争。从传统的伯川德定价到利用伯川德惩罚来维持垄断高价，这些模型都存在多重均衡。与之不同的是，我们的模型存在唯一的均衡。一旦我们证明了卖方选择不变价格，尽管有一定比例的折旧，但这个均衡类似于沃林斯基（Wolinsky，1986）或安德森和雷诺（Anderson and Renault，1999）的研究结果，这个定价结果大大简化了分析。因而，通过将单个卖方模型嵌入搜寻过程及内生化外部选择导致的均衡结果，简化了搜寻模型的定价，为传统出价而非讨价还价假设提供了研究基础。

第四部分为第四章，运用实验研究了单一卖方和单一买方之间不完全信息的两个讨价还价博弈，其中，买方有其他外部选择，可以进行搜寻。在没有外部选择的纯讨价还价的博弈实验中，当标准理论预测卖方会隐藏报价时，超过一半的卖方在实验中更愿意表明其类型而放弃高收益。其实，能够被观察到通过经验积累而产生的策略行为更少。本书认为，在一个行为模型中，被试者关于对手的行为有自我信念，对手行为是对这些信念做出的最好回应，而且，被试者能够根据自己过去的观察而不断进行调整，这可以解释博弈模型的实验数据比仅用给出的既定先验值进行预测更好。

在搜寻博弈实验中，令外部选择的质量多元化。在一个好的外部选择的实验局中，我们发现许多高估价的买方更喜欢从讨价还价中获得确定的利润，而不是获得期望值更高的搜寻结果。当外部选择是不好的类型时，买方对从讨价还价中获得低收益的接受程度增加。总体来说，本书发现，对于所有实验局和所有类型的组合，当搜寻被预测为最佳时，会达成更多的协议。自我信念和风险规避相结合，解释了预测和实验数据之间的差异。这一解释也与无外部选择的纯讨价还价博弈中观察到的行为一致。然而，在有约束的结构模型中，关于学习和自我信念约束的参数，在三个实验局中同样都被拒绝了。

搜寻行为是非常有效的，实验结果显示，通常不会比讨价还价更差。超过 3/4 买方的行为，符合搜寻的最优停止规则。虽然本书并不认为被试者有意识地遵循这一规律，但实验表明，被试者对简单随机抽取的不确定性具有良好的直觉，并且完全理解无延迟规则。对于违反最优停止规则的主要解释是搜寻量太少，这与搜寻过程中的风险规避行为是一致的。当交易过程足够简单时，本书得出了有趣的结果。我们发现，搜寻行为与预测非常接近，而讨价还价行为显示出与离散报价无法解释的相当多的偏差，并且，发现买卖双方的行为基本一致。

正是由于这些有关搜寻行为有趣的研究结果，使得设计有搜寻的交易过程研究经典的科斯定理及买方有外部选择的科斯定理是合理的，这将在下一章实验中完成。

第五部分为第五章，实验研究了消费者拥有外部选择，可以放弃搜寻或者转向其他卖方，对经典的科斯定价理论进行检验。本章的实验结论是，外部选择导致交易价格显著降低，而且，不因消费者数量和拖延成本等其他因素的影响而发生变化，具有相当良好的稳健性。消费者无论是无外部选择，还是有内生外部选择或外生外部选择，价格都随时间而不断降低，并收敛于居于完全垄断与完全竞争之间的一个均衡值。这个均衡值既非传统科斯猜想的竞争低价，也非存在外部选择时科斯猜想模型的垄断高价。

究其原因，由于外部选择的存在，低估值消费者会转向其他外部选择而退出、出清了低端市场。在持续博弈中，企业从不会令其价格低于延迟购买时消费者的最低净值，因为这会导致有钱不赚；拥有产品最低净值的消费者因此获得了零效用，会立即转向其他外部选择，这与其延迟购买的假设矛盾。因此，外部选择导致低估值类型退出，使消费者在需求集中有正选择（positive selection）。如同在商场购物，较高价格更有可能导致低估值的消费者进入下一个摊位，而不是等待降价。

实验结论也在实践中得到了很好的印证。从 2014 年 OFO 共享小黄车正式创立，到 2017 年共享单车的随处可见，共享单车为消费者短距离出行提供了便捷、实惠的外部选择，却深刻影响其他短途运营交通工具的收益。

当然，本章也存在研究的缺陷。实验中无法完成无限期的交易，实际完成有限的 T = 4 期。虽然有学者不考虑外部选择而进行市场实验时完成 T = 6 期或者 T = 8 期，并且，其动态趋势与本书基本一致，但在本质上都没有改变有限实验期数这一局限。另外，第五部分仅考虑了拖延成本，而未考虑转换成本。在搜寻过程中，当有些消费者在不同的产品之间转换而另一些消费者等待价格下降时，可能存在转换的成本，对此可做进一步研究。此外，还可在两方面进行拓展研究：一是外部选择在交易博弈的进程中出现，企业对此可能有察觉，也可能观察不到；二是消费者有外部选择导致整体社会福利水平的变化。

第六部分为第六章，是本书的结论。总结了本书主要的几个结论，并明确了今后进一步研究和改进的方向。

三、研究方法

本书在理论模型中获得预测值的基础上，主要运用经济学实验的方法，寻找有效的市场交易制度，并检验经典的科斯猜想定价理论及拓展的科斯猜想定价理论。

需要说明并且强调的是，经济学实验方法与其他经验研究技术是互补的，而非替代的。实验方法所提供的主要优势是复制性和控制性。实验所得结果最重要的功能是作为检验理论的依据，而不能把实验作为生成数据的工具。

利用从自然市场中收集来的数据来验证理论是极其困难的，因为理论所简化的前提假设很难在现实世界中成立。但是，实验却可以提供验证理论的途径，使研究者至少可以对理论进行最小检验（minimal test）。也就是说，在满足了理论假设的前提下，检验理论能否给出合乎情理的"准确预测"。提供一个能被参与者完全理解的控制环境，通过实验方法获取实验数据对理论进行最小化检验。如果理论在被控制的"最佳"实验环境都无法运行，那么，几乎没有理由期望它在复杂的自然世界中能够运行。

最后，需要补充说明的是，实验并不是万能的，实验设计、实验执行和实验解释的相关事宜需要不断地审视和检查。建立、控制实验环境是有效实验的技术难题，当经济学实验的目的是诱导被试者偏好信息时，这一点尤其突出。

第三节　可能的创新点

本书的创新点可能有以下四个方面。

第一，将消费者有其他外部选择引入市场环境，再次探讨科斯猜想。在互联网发达、网络交易平台便捷的当代，假设消费者有外部选择，更接近真实市场。消费者有其他外部选择，是对产品同质性简化假设的修正，使之更接近自然市场的产品多元化本性。有关外部选择的相关研究国内刚刚起步，仅有的文献是将外部选择用于工作搜寻和专用性投资方面的研究；而关于消费者有外部选择的市场定价，国内几乎没有研究。国外涉及有外部选择情况下的市场定价实验研究也并不多，比较分散，而且，还存在结论和方法论方面的矛盾和争议。我们将在双边不完全信息的条件下，研究消费者有外部选择时的市场均衡。

第二，市场交易制度作为市场的内生变量，并且，根据变化的市场环境相应地改进市场交易制度。市场交易制度在传统理论研究中通常是作为外生变量处理。但是，市场交易制度的微小变化能够对市场行为和市场绩效产生很大的影响，是影响市场绩效的重要因素。在本书的实验研究中，当市场环境发生变动时，设计与之匹配的市场交易制度，也就是把市场交易制度当作可控的内生变量。

第三，通过梳理零散的市场交易制度和市场环境之间的关系，并将市场交易制度与市场环境相互匹配的原理应用于实验交易制度设计。对消费者有外部选择的科斯猜想进行检验时，基于实验判断搜寻有效的基础上，将搜寻过程引入明码标价，对市场环境变化下的交易制度进行了改进。

第四，在研究方法上，运用经济学实验的方法研究了消费者有外部选择情况下的市场均衡，对经典的科斯定价理论和拓展的科斯定价理论进行了检验。得到了一些有趣的结论，外部选择导致交易价格显著降低，而且，不因消费者数量和拖延成本等其他因素的影响而发生变化，具有相当良好的稳健性。消费者无论是无外部选择，还是有内生外部选择或外生外部选择，价格都随时间而不断降低，并收敛于居于完全垄断与完全竞争之间的一个均衡值。此均衡值既非传统科斯猜想的竞争低价，也非有在外部选择时科斯猜想模型的垄断高价。这一结论既不同于经典科斯猜想，也不同于有外部选择的科斯猜想，但是，却很好地吻合了经济现实。

第二章 文献综述

始于亚当·斯密（Adam Smith）的论著，政治经济学家认为，当代经济的强大生产力归根于市场交易制度。在运用新研究方法——实验经济学来设计市场交易实验时，一个重要的方面是交易制度的选择。进行一项实验，需要确定与买卖双方决策的性质、时间有关的制度。例如，是由哪个交易方、以何种顺序制定价格及公开价格；是否可以折扣及何时予以折扣；能否允许买卖双方相互交流。虽然有关的理论文献很少探讨制定各种市场交易制度的规则，但是，市场交易制度的微小变动确实能够带来很大影响：不仅会影响理论上的博弈预测结果，而且，还会影响实验中所显示的被试者的行为。

市场交易制度在市场中的重要作用已被公认，因而，在现实中谨慎实施某种市场交易制度，对真实市场中自发形成的市场交易制度予以关注，以备在研究中进行模拟。研究者更多地需要针对所要探索的问题，对常用的市场交易制度进行修正，使得市场交易制度与所研究问题中的交易环境相匹配。

第一节 政治经济学中市场交易制度的实验

一、市场交易制度的起源

政治经济学家认为，当代经济的强大生产力归根于市场交易制度，始于古典经济学家亚当·斯密的论著，多元化的消费依赖于该制度支持，物质资本和人力资本得以专门化。亚当·斯密的伟大见地在于，他认为交易是能为参与各方带来净收益的正和博弈，但是，交易双方对财富的创造过程并没有察觉，即市场像一只"看不见的手"。这一理论认为，交易双方在寻求各自利益的过程中，会通过交易的方式来合作，以求创造出远大于单独一个人能产出的财富。新古典经济学思想解释了市场如何在私人财产制度下运作，而市场经济制度交易规则、交易制度，从最初的古典经济学思想到新制度经济学均可以找到其源起和发展历程。

亚当·斯密自由主义的商品经济思想是以对重商主义经济思想的反叛形式出场的。亚当·斯密以自然法思想为基础，在完全自然自由的条件下建立"自然的自由制度"。亚当·斯密的分工与市场、价值与价格、"利己心"和"看不见"的手开启了商品经济思想，奠定了商品交换思想的基础。亚当·斯密发现，互利性是产品交换和市场交易的基本准则。分工造成的生产效率提高，使得社会存有大量剩余产品，有着交换产品的强烈需求，整个社会处在生产繁荣、交换频繁状态中。

虽然，亚当·斯密认为，交换是分工的原因而非分工的结果、颠倒了交换和分工之间的因果关系，认为"分工起因于交换，分工的范围因此必然要受到交换能力的限制，即要受到市场范围的限制。"但是，亚当·斯密还是正确地指出了，分工开始的初级阶段受生产力发展水平和交换能力的制约，产品异质性和需求多样化的现实制约着物物交换成功的概率，市场交换的种类越宽泛，交换成功的概率也就越大。

大卫·李嘉图的商品价值决定、社会分配和自由国际贸易的商品经济思想达到了古典商品经济思想的顶峰。关于商品价值的唯一源泉是所费劳动时间的价值论观点，既是大卫·李嘉图对亚当·斯密的反叛和继承，又是对亚当·斯密革命式的发展。大卫·李嘉图认为，产品的稀缺性和生产产品所必需的劳动量是商品交换价值的泉源。绝大多数的产品交易受生产所需劳动量的调节，产品稀缺性只占日常产品交易来源的很小份额。

之后，约翰·穆勒（John Mill）谦逊地认为，自己对经济思想唯一最重要的贡献在于，对生产法则与分配法则所做的区分。按照约翰·穆勒的观点，生产法则是自然法则，不能被意愿或制度安排所改变。但分配法则却主要来自特定的社会安排与制度安排。

作为制度经济学的鼻祖，凡勃伦（Veblen）主张，经济学应当是对演进的制度结构的研究，"不仅个人的行为受到他与群体中同伴习惯性关系的限制和引导，而且，这些关系具有一种制度特征，随着制度安排的变化而变化。个人行为的需要和欲望、目标与目的、方式与手段、幅度与动向，是具有非常复杂又完全不稳定特征的制度变量的函数。"

康芒斯（Commons）是制度经济学方面的奠基人，在其理论结构中，交易成了一种主要因素："实际上，交易变成了经济学、物理学、心理学、伦理学、法学以及政治学的聚会点，单个交易是明确包含所有这些内容的一种观察单位。"康芒斯发现，市场交易是限额交易（rationing transactions）。它们涉及"在若干参与者之间达成一种协议的谈判，这些参与者有权力将收益与负担分配给合办企业的成员。"市场交易涉及冲突——一方得到的越多，另一方得到的就越少。

除了以凡勃伦、康芒斯和米歇尔等为代表的旧制度经济学派，经济学中的制度分析流派包括交易费用经济学在内的新制度经济学派。通过对 10～18 世纪西欧的历史分析，诺斯和托马斯（North and Thowmas, 1973）表明，经济增长的关键是有效率的制度。哈耶克（Hayek, 1945）为市场经济秩序进行辩护。继诺斯及科斯等的开创性研究之后，新制度经济学经过阿尔奇安、德姆塞茨、张五常、威廉姆森等的努力，在 20 世纪七八十年代快速发展。

新制度经济学派的代表威廉姆森，秉承旧制度经济学派的传统，以交易为最基本的分析单位。威廉姆森（Williamson, 1985, 1996）详尽地阐述了经济制度中市场、科层和混合形式等各种组织形式。美国的西蒙（Simon）教授是早期行为经济学的领军人物。威廉姆森作为西蒙（Simon）的学生，从早期行为经济学中汲取丰富的理论素养，其中，最突出的就是"有限理性"的假设。与早期的行为经济学不同，以卡尼曼和特沃斯基（Kahneman and Tversky）为代表的现代行为经济学，通过吸收实验心理学和认知心理学的成果，把心理学和经济学有机结合，以效用函数的构造为核心，形成了真正意义上的行为经济学（周业安，2004）。威廉姆森显然注意到现代行为经济学的进步，但认为，将人模型化为"专业问题解决者"的思路，比行为经济学家将人模型化为"通用问题解决者"的思路更与人类理性的特点接近。

但是，尽管有助于解释交易之后的适应过程，但威廉姆森并没有为行为假设建立一个演化心理学的基础。为决策模型建立交易行为人有主观意识的假设和策略行为的假设，从而在交易中形成交易制度和博弈规则。完美的市场经济通常处于太多限制性规则与缺乏规则之间的狭小空间内（Rajan and Zingales，2003），对于这些市场交易中的规则，不容忽视。

在市场交易的长期发展及研究过程中，作为经济制度不可或缺的重要组成部分，自然地形成了种类繁多的市场交易制度。例如，最常见、最原始的讨价还价交易制度；为使易腐产品能够迅速达成交易，在荷兰花卉市场中产生的荷式拍卖制度以及为充分利用范围经济和规模经济，不得不依赖于大量的售卖人员而在大型商场、零售店中推广的明码标价交易制度。这些常用的交易制度，既是自然市场交易发展的结果，也是实验经济学作为行为经济学的重要分支，对自然市场提炼、模拟研究的成果。市场交易制度是需要确定与买卖双方决策的性质、时间有关的规则。例如，是由哪个交易方、以何种顺序制定价格及公开价格；能否允许买卖双方相互交流。检验亚当·斯密等的理论在其现代形式下是否仍具备实证效力的市场实验，都与市场交易制度的运用息息相关。经济学中的实验方法与物理等学科中的实验方法具有同样的科学功能，即在可控制的实验条件下检验各种理论，获得可靠的理论知识，然后，以此对自然观察结果进行补充和支持。因此，实验经济学者也是先在实验环境中建立关于市场与个体行为的理论。值得注意的是，经济学经常运用抽象理论，而这些理论却很少经历过严格的检验。在过去几十年里，实验室方法的发展改变了既定的研究程序，理论经济学家们不得不应对全新、复杂又陌生的规则的挑战。但同时，实验方法要求实验经济学家像物理学家和天文学家那样，对可能被别人重用或复制的数据承担直接责任，这也促成了一套严格的数据收集新标准和新途径。

二、科斯定理的实验：外部性的讨价还价

科斯定理在本质上是事先影响人们对政府干预态度的外部性理论。

科斯定理是对庇古方法的回应，庇古方法将外部性的存在作为政府干预的理由。在社会成本问题中，科斯认为，从理论上看，外部性并不是政府干预的理由，原因在于，因某种行为而得到帮助的一方或受到伤害的一方，都能自由地与其他人谈判来消除外部性。

市场和讨价还价并不总能有效率地分配资源，无效率情况是常见的，尤其是当存在外部性时。获得额外剩余的交易方往往不是产生有效率收益的交易方。正如化工企业排放的废弃物减少了附近花农的收益，花农将会是废弃物排放减少的主要受益人，但是排放的水平却由化工企业来决定。

罗纳德·科斯（Ronald Coase，1960）提出了在外部性出现的情况下，阐述了市场交易之外获得收益和对收益进行讨价还价的可能性，并将结果作为对竞争经济进行有限司法干预的依据。罗纳德·科斯认为，有关外部性争议的有效率解决办法可以用一种分散的双边讨价还价的方式决定，这成为他获得 1991 年诺贝尔经济学奖的一个主要原因。

罗纳德·科斯认为，效率要求对产权的清晰界定。也就是说，界定哪一方有权进行外部性活动并且建立一个运行良好的法律系统，它明确规定了补偿性收益合同的无成本执行。在此背景下，罗纳德·科斯认为，没有产权（用来决定外部性）的人将提供单边支付，以劝说有产权的人接受一个联合有效率的结果，并且，结果的实现与谁拥有产权无关。

霍夫曼和斯皮策（Hoffman and Spitzer，1982）假定个人效用最大化，在完全竞争市场中，存在无成本的法院体系，不存在财富效应和交易成

本，并且，争议双方具有关于他人收益的完全信息。在不同水平上，罗纳德·科斯假定交易方将不会放弃一个相互有利可图的交易，其意味着帕累托最优，并且，因此，给科斯定理增加了一点合作博弈理论的成分。

双边讨价还价的结果对过程的变化反应灵敏，在此背景下，产权的界定至关重要。在上述化工厂排污的例子中，有效率的产量水平由企业和花农之间的讨价还价决定，无论：（1）花农是否有合法的权利去阻止企业排污、提供贿赂来限制产量，或者（2）化工厂是否有合法的权利排污、提供补偿以获得花农的允许，在风险中性下的具体纳什均衡解取决于哪个交易方为控制者。虽然在讨价还价和科斯定理中，帕累托最优假设仅仅意味着结果将为联合最大化收益，但纳什均衡解中的个人理性含义意味着，控制者将会利用其优势获取一个远远高于平等划分收益的结果。

每个人只看到收益表中决定其收益的那一部分。有趣的是，在不完全信息实验中的帕累托最优结果的发生并没有减少。实验中设置完全信息和不完全信息，其结果是相似的。霍夫曼和斯皮策（1982）把帕累托最优的高发生率解释为对科斯定理主要含义的支持。当被试者被告知他们将与同样的搭档配对两次，并且，在两个讨价还价时期的开始阶段使用投硬币来决定控制者时，联合最大化、平等划分结果的吸引力更强。

科斯理论也适用于法经济学中，如果各方可能互相侵害对方利益，但是又都具备协调能力的话，那么，无论是哪一方有权实施侵害，他们都会通过讨价还价来寻求有效的协定，实验结果支持这一理论推测。然而，在实验中，通过抛硬币获得合法权的控制人并不总是在讨价还价中理性地尽量攫取剩余，与博弈论的理论预测相反，讨价还价双方平分剩余，显示出一种道德上的"公平"。霍夫曼和斯皮策（Hoffman and Spitzer，1982）的假说认为，抛硬币的方法可能让参与人觉得财产权上的不对称并不是合法的。他们重复了实验过程，但使用了不同的实验设置，初始控制条件是让被试者在实验前通过赢得滑雪比赛的方法获得控制权，这样，控制人就会意识到优势地位是自己赚得的，实验结果引人侧目，超过 2/3 的控制人充分发挥了个人理性攫取剩余,而在之前随机指定控制权的实验中,谁也没这么做。

正如科斯定理所阐述的,如果不存在信息不对称性和交易成本,资源的有效配置还可以通过讨价还价获得,也就是说,所有能够获得净剩余的交易都可以发生。但是,将不完全信息引入之后,导致了无效率的资源配置。交易双方可能由于信息不完全导致的效率损失而更加诚实,这比较普遍存在于服务业中,这种现象体现在质量歧视的垄断价格歧视中。卖方由于不能分辨消费者的需求程度,为了防止高需求的消费者伪装成较低需求的消费者,就生产低质量的产品。

科斯定理的基础是交易双方为其自身利益进行讨价还价将产生有效率的解,尽管结果是有效率的,但是仍然在一部分控制者中未能观察到个人理性。这促使我们思考两个问题:(1)是否没有单边产权的界定,也能观察到有效率的联合最大化结果?即外部性是否存在于初始阶段?(2)为什么控制方没有利用其讨价还价地位?

哈里森和麦基(Harrison and McKee,1985)为解决第一个问题,实施了一个"无产权"实验,没有控制方及促成单边支付的契约机制。收益和过程与霍夫曼和斯皮策(1982)的实验相似。哈里森和麦基(1985)在其没有产权的实验设置中,通过活动水平的随机选择来解决无协议情况,最终导致了无协议结果的高发生率。哈里森和麦基(1985)使用了一个相似的收益结构,其中,帕累托最优结果集合中包括了总收益最大化的结果和一个不同的产生平等收益,但是总收益水平较低的结果。在实验中,所有被试者达成一个没有总收益最大化的平等划分结果。

在确定存在外部性的情况下,哈里森和麦基(1985)也解决了第二个问题。强调角色互换可能会导致平等划分,因为角色互换把不对称产权的单阶段讨价还价境况还原为对称的。霍夫曼和斯皮策(1985)通过提高激励,也解决了相同的问题。有趣的是,说明用语的改变比控制者选择程序的改变似乎对行为有更重要的影响,这是"经济不相关"的改变对受到经济激励的被试者的行为有显著影响的一个明显例子。

正如上述科斯定理的实验所示，产权的存在和不计成本地履行合约使得实验中的交易双方以一种导致帕累托最优分配的方式就单边支付进行谈判；但是，如果通过投硬币赋予产权，控制方并不总是利用产权。虽然没利用产权并不违背科斯定理的有效率预测，但是却违背了纳什均衡解的个人理性性质。在实验中，通过改变控制者角色被解释和指定的方式及控制收益，导致违背个人理性的发生率减少。双边讨价还价的结果对与公理性讨价还价理论无关的因素反应灵敏，值得继续运用讨价还价市场交易制度对政治经济学中的其他问题进行探索。

第二节　市场交易制度与市场交易环境匹配

交易制度在市场中的重要作用已被公认，因而，在现实中谨慎实施某种市场交易制度，对真实市场中自发形成的交易制度应予以关注，以备在研究中进行模拟。研究者需要针对所要探索的问题，更多地对常用的市场交易制度进行修正，使得市场交易制度与所研究问题中的市场交易环境相匹配。

史密斯（Smith，1962）在其标志着实验经济学正式诞生的《竞争性市场行为的实验研究》（*An Experimental Study of Competitive Market Behavior*）中表明，在完全竞争的实验市场上，只需少数知晓其自身保留卖价或自身保留买价的被试者，市场交易的结果就会动态地趋向于瓦尔拉斯均衡，这与瓦尔拉斯所要求的条件不同，并且，这一过程与市场交易制度有关。史密斯（1962）这项极具创造性的实验性市场研究降低了瓦尔拉斯均衡前提假设的严格性，同时，也突出了市场交易制度的重要性。

同时，史密斯（1982）还对实验研究的科学化、严格化做出了杰出贡献。史密斯构造的经济系统 S，由环境结构 e 和制度 I 构成。史密斯认为，系统的环境结构 T（Treatment）和制度 I 到系统绩效 P（Performance）之间的对应关系就是经济学实验。在实验室实验中严格控制条件，结构设置 e 保持不变，当仅对系统的制度做出调整时，例如，将 I 变为 I′，如果通过被试者行为的传导系统绩效 P 也发生了相对应的改变，比如，变为 P′，那么，将 P 和 P′进行比较，就可以得出两种不同的制度安排 I 的效率和制度安排 I′的效率。这体现了实验经济学一个重要的比较制度思想。

对实验研究范式进行科学化、严谨化是史密斯的重要贡献，他将一个微观经济系统区分为两个不同的构成要素：一个是制度，另一个是环境，即 S =（e，I）。对不同市场交易环境下资源分配的实验研究（Siegel and Fouraker，1960；Smith，1962，1964；Fouraker and Siegel，1963）和对信息系统的常规研究（Hurwicz，1960）几乎是同时开始，体现着对信息规则的作用、市场交易制度和对决定经济结果的激励结构的重视。瑞特（Reiter，1977）认为，设计和评价可以作为经济变量的一种分配制度（Hurwicz，1973）时，实验经济学家对不同实验"设置变量"下的不同绩效进行比较，实验"设置变量"是不同的信息传递和成交规则（Plott and Smith，1978）。如果要设计一个有关市场实验，指定该实验所包含的市场交易制度和市场交易规则的所有细节是必要的，这使得实验经济学家所做的工作与福利经济学家所做的工作之间肯定会存在一定程度的并行性。

一、市场制度与市场环境的理论

市场制度在传统的产业组织理论中通常作为外生变量处理。随着实验研究的进展，将不同的市场结构和市场制度相结合进行实验，发现市场制度的微小变化能够对市场行为和市场绩效产生很大的影响——市场制度和市场结构一样是影响市场绩效的重要因素。在产业组织理论的实验研究中，需要设置不同的市场制度来考察其对市场绩效的影响，即把市场制度当作可控的内生变量，有助于更深入地研究导致某一种市场绩效的真正原因。

（一）市场制度

基于私有产权规则的市场制度，被试者可以交流、交易或转移其产品，从而按照他们私人的偏好和知识改变其初始禀赋。因为产品的交易发生于被试者的信息交换之前，因此，信息产权如同产品的产权一样重要。制度还定义了私有产权的权利，这些权利有，排他权、说与不说的权利（在拍卖市场中，除非你想出价1万元，否则，你没有权利以1万元叫价）、获得支付和财产转移的权利。按照史密斯（1982）在《作为实验科学的微观经济系统》（*Microeconmic Systems as an Experimental Science*）中的观点，制度包含如下内容。

1. 信息 $m = (m^1, \cdots, m^N)$ 构成了语言集 $M = (M^1, \cdots, M^N)$，m^i 是 M^i 的元素，M^i 是被试者 i 能够发送的信息集。此信息 m 可以是一个要价或接收信息，也可以是一个出价信息。M^i（被试者 i 的信息集）可以与 M^j（被试者 j 的信息集）不相同。在拍卖中，买方能够任意填写其出价，同时，卖方对某一产品有权要价或者不要价，但卖方既没有对财产进行出价的权利，也不可以公开其保留价格。

2. 分配规则集合是由每个被试者 i 参与组成 $H = [h^1 (m), \cdots, h^N (m)]$，规则 $h^i (m)$ 是被试者 i 最终的产品分配，表示所有其他被试者对自己发送的信息函数，表达了被试者 i 的最终产品配置。m 是指，最终决定分配的信息，原因在于信息交换发生在产品分配之前。

3. 成本费用规则集合 $F = [f^1 (m), \cdots, f^N (m)]$，规则 $f^i (m)$ 表示每个被试者 i 的支出（以货币单位表示），是其他所有被试者 j（$j \neq i$）向其发送的信息函数。值得注意的是，其实，F 可以被包含在 H 的定义中，但在很多情况下，例如，在没有收入效应的情况下，此定义对于区分产品分配和支出就很方便。

4. 过程规则的集合 $G = [g^1 (t_0, t, T), \cdots, g^N (t_0, t, T)]$，通常来说，由三部分组成：一是开始规则 $g^i (t_0, \cdots, \cdots)$，包含信息交换开始的时间或条件；二是转换规则 $g^i (\cdots, t, \cdots)$，包括管理信息交换以

及信息交换的次序；三是停止规则 g^i（…，…，T），是负责终止信息交换。

被试者 i 在交易中的制度为 I^i = ［M^i，h^i（m），f^i（m），…，g^N（t_0，t，T）］，表明被试者 i 有权发送的信息，对交易权的开始、交换和停止进行约束的规则，有权要求依照信息的结果规则得到产品或获得收益。一个微观经济制度就是由所有个人的产权特征 I = （I^1，…，I^N）构成的。注意，规则可以只是一种传统或习俗，上述制度规则不是必须像现有法律那样正式地规定下来。

（二）市场环境

市场环境包括 N 个被试者 {1，…，N}，K + 1 个产品（包括资源）{0，1，…，K}，以及被试者 i 的某些特征。例如，被试者 i 的技术禀赋 T^i，效用函数 u^i，产品禀赋 w^i 等。这样，第 i 个被试者的特征可以表示为向量 e^i = （T^i，u^i，w^i），此向量定义在 K + 1 维的产品空间上。因此，市场环境就可以被看作一个特征集合 e = （e^1，…，e^N）[①]。所有这些可以将环境定义为一组初始状态，既不因被试者的不同而改变，也不因被试者之间交互行动的制度而改变。不难发现，该定义并不排除学习效应，即被试者偏好、技术上的变化。然而，如果学习是不可避免的，是经济活动的一部分，就应该依据学习来确定各个被试者的技术与偏好。此时，在资源和偏好可变化的经济中，必须为不变的市场环境限定资源和偏好的变化，并搜寻机会。值得注意的是，在实验环境中，向量 e 中可能包含某些被实验者固定的控制变量，是不能被实验参与者更改的。

（三）市场制度与市场环境的匹配

随着微观经济系统定义的发展，普洛特（Plott，1979）和史密斯（1976）从实验室中的市场分配实验或资源分配实验开始，在微观经济系

［①］ 上标 i 表示每个被试者的初始条件在本质上就是私人信息——偏好、知识、技术禀赋等都为私人信息。但是，并不代表每个个体的初始状态独立、不受他人影响，而是仅表明个人的技能、知识、工作热情和购买行为不能被公众所见，他人仅可以观察到其行动的最终结果。

统的框架下进行了大量实验研究和理论探讨。需要强调的重点是，实验室微观经济系统就是真实、生动的经济系统，而且，它比理论中参数化的经济系统更加丰富，也更加行为化。王尔德（Wilde，1980）将这一点表达得更为清楚。史密斯（1982）将系统中的制度与环境的匹配思想阐述得更加充分。制度与环境的匹配关系，如图 2 - 1 所示。

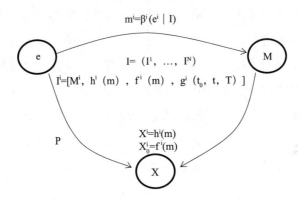

图 2 - 1　制度和环境构成的微观经济系统

注：在图中，$e^i = (u^i, w^i, T^i)$，$e = (e^1, e^2, \cdots, e^N)$；$X^i = h^i (m) = h^i [\beta^1 (e^1 | I), \cdots, \beta^n (e^n | I)]$，$X_0^i = f^i (m) = f^i [\beta^1 (e^1 | I), \cdots, \beta^N (e^N | I)]$。

资料来源：笔者根据史密斯（1982）整理而得。

在图 2 - 1 中，每一边都代表交易过程，基于既定制度，被试者的特征 e^i 决定了信息 m^i，而所有参与者 i 发送的信息通过制度决定最终的结果 $h^i (m) = h^i [\beta^1 (e^1 | I), \cdots, \beta^n (e^n | I)]$ 和 $f^i (m) = f^i [\beta^1 (e^1 | I), \cdots, \beta^N (e^N | I)]$。

上述内容的重要性在于，被试者并没有直接选择产品分配。被试者选择的是信息，而规则将信息与分配联系起来，之后，制度通过规则决定分配。在交易中，这一社会过程达到高潮。在已有规则下，所有市场都可以自行完成交易（Clower and Leijonhufvud，1975）。

被试者 i 的行为结果可以由函数 $\beta^i (e^i | I)$ 界定。β^i 以 I 为条件，说明具有特征 e^i 的被试者行为 β^i 依赖于制度 I。也就是说，它是诸多因素中与制度发生联系的一个。β^i 可以表示密封标价拍卖市场上单个信息的发

送，也可以构成互动过程中的一个信息交换的最终结果，如同伦敦金块交易市场中的谈判，只有当所有参与人一致同意时，谈判才会终止，从而达成交易（Jarecki，1976）。[1]

二、市场交易制度与市场交易环境的实验

对于不同的市场交易环境和市场交易制度，都能够通过实验对理论结论与实验结果进行比较。

将市场交易制度作为研究变量的实验有：竞争性成交规则和歧视性成交规则，对密封标价拍卖中出价及结果影响的实验（Smith，1967）；对于限定性价格上限和价格下限或非限定性价格上限和价格下限，在连续性双向拍卖中效果的实验研究（Smith and Williams，1981；Isaac and Plott，1981）；将英式拍卖和荷式拍卖进行比较的实验（Coppinger et al.，1980）。

虽然实验方法的优势是可以控制环境的关键特征（Reynolds，2000），例如，关于其他方的支付信息、时间折扣、时期长度等，但仍然有实验研究将市场环境作为变量（Fouraker and Siegel，1963），还有弗里德曼和霍格特（Friedman and Hoggatt，1978）针对大范围卖方垄断进行研究，其中，成本（需求条件）和参与人的数量都能够在不同水平上改变；在菲奥里纳和普洛特（Fiorina and Plott，1978）的委员会决策实验中，诱导偏好和委员会的规模能够改变；在米勒等（Miller et al.，1977）威廉姆森（Williams，1979）所做的投机性实验中，需求是按照季节性模式循环改变。

将环境和制度都作为研究变量的实验有，在不同竞标人数的荷式拍卖中，对一级密封标价拍卖和二级密封标价拍卖进行的比较研究（Cox et al.，1992）；基于有差异的诱导需求，对竞争性成交规则和歧视性成交

---

① 注意，β^i 表示被试者的消息发送行为，它并不需要基于偏好最大化，偏好最大化作为一种有关行为模式的理论假设，有可能是错误的。

规则进行的比较研究（Miller and Plott，1977）；基于循环式需求，针对市场有投机机会、无投机行为的比较实验（Williams，1979）。

对于理论预测结论与实验观测结果对比的实验有，纳什理论预测结论与福雷克和西格尔（Fouraker and Siegel，1963）的双边谈判实验的观测结果进行了对比分析；史密斯（1979）比较有关公共物品实验的观测结果与"搭便车"理论预测结果及林达尔均衡（Lindahl equilibrium）预测结果；运用资本市场实验（Plott and Sunder，1982）比较了实验观测结果和理性预期预测结论。

第三节 基本市场交易制度

不同市场交易的拍卖形式的影响是微妙的（Fuchs and Skrzypacz，2010）。先观察实验中最常用的一些市场交易制度，重点是可以直接应用于产业组织实验的市场交易制度，如，讨价还价、明码标价、双向拍卖、英式拍卖等。

大量实验研究（Hoggatt，1959；Fouraker and Siegel，1963；Plott and Smith，1978）展示出两个一般化的结论：一是明码要价拍卖（posted offer auction）的市场价格高于双向拍卖市场的交易价格，明码出价（posted bid auction）的市场交易价格则低于双向拍卖市场的交易价格，并且，这两个市场的价格向均衡价格收敛速度缓慢，甚至几乎不收敛。二是明码标价拍卖与双向拍卖相比，有着更低的市场效率。这两种趋势首次在威廉姆森（1973）的实验中被观察到，其后，这一实验结果又被普洛特（1978）和史密斯（1981）进一步验证。古德费罗和普洛特（Goodfellow and Plott，1990）继续实验，实验中所涉及的双向拍卖市场中产品的生产函数是非线性的。由于明码要价交易制度与许多行业的政府管制所采取的备案制度相类似，因此，明码要价交易制度的相对低效率就具备了非常重要的政策含义（Hong and Plott，1982）。明码要价交易制度可以节约谈判成本，或许可以部分抵消因此制度抬高价格而导致的低效率，尤其是在不允许讨价还价、保证搜寻过程被大大简化的公共定价时。事实上，与分散的讨价还价制度——买方必须自己承担"长途跋涉"搜寻合适的卖方和价格的成本相比，在某些特殊环境中的公开、集中化的明码要价制度也有可能提高效率。

在拍卖实验中，出价者在出价前先了解其报酬相关的估值（Ockenfels and Selten，2005）。英式拍卖近似于完全信息动态博弈，假定买方没有保留价格，卖方进行第二个到达的英式拍卖，格兰特等（Grant et al.，2006）对投标者随机到达时进行参与只有一轮拍卖和重复英式拍卖的分析，英式拍卖方式和密封的拍卖方式收益相等。重复互动对于有效率的结果是很重要的（Davis and Holt，1994）。麦克菲和文森特（McAfee and Vincent，1997）分析认为，通常的科斯逻辑适用于重复英国拍卖，梅内塞斯和赖安（Menezes and Ryan，2009）进一步研究发现，重复的英式拍卖导致一个比密封式拍卖（Sealed bid Auction）较低底价的均衡路径。

一、讨价还价的实验

讨价还价行为是微妙而复杂的，实验提供了一个探究其微妙性和复杂性的机会。讨价还价作为最原始的交易制度，自然地产生；同时，继续普遍地存在于高度发达的市场经济中。

（一）讨价还价实验的分配均衡

最广为人知的讨价还价模型源于纳什（Nash，1950）的开创性研究，找到讨价还价博弈最常用的合作解概念是纳什均衡。由于纳什提出假设的方式很特别，此模型也被称为"公理化"讨价还价模型。除此之外，经济学文献中也出现了许多其他讨价还价模型。传统的讨价还价模型假设偏好是完全序数型的，一般用讨价还价的交易双方得到的货币数量来度量其效用，使其收入最大化。因此，理论上的均衡预测是，提议者将会要求几乎全部收益。

当讨价还价过程只存在一个轮次的极端情形时，就是著名的最后通牒博弈。作为市场交易制度的一种特殊情况，最后通牒博弈自发地产生。虽然奈德格和欧文（Nydegger and Owen，1975）较早进行了对公理性的讨价还价理论的实验检验，显示出了平等划分的结果，但是，先讨论最后通牒实验的却是居斯、施米特伯格和施瓦茨（Güth，Schmittberger and Schwartz，1982）。实验结果非常典型的表明，绝大多数被试者提议的收益接近总量的一半。霍夫曼等（Hoffman et al.，1991）的实验证据显示，在最后通牒博弈中，接近平等划分可能是一个合理的策略。

斯塔尔（Stahl，1972）和鲁宾斯坦（Rubinstein，1982）在两轮博弈中预测提议者出价对策略因素是敏感的，但是，被试者行为并不如理论预测的敏感；当提议者处于绝对优势时，也不完全利用其优势；当提议者处于弱势时，会寻求对半划分。

尼林等（Neelin et al.，1988）观察三轮博弈实验结果发现，被试者所做的提议是以对待单轮博弈的方式来对待最后的两轮子博弈。哈里森和麦凯比（Harrison and McCabe，1988）在讨价还价的匹配中，观察到了相似的结果。福赛思等（Forsythe et al.，1988）进一步实验的结果显示，50%的划分仍是典型的提议。

在多阶段讨价还价博弈中，协议在第一轮可能就会达成，因为如果讨价还价继续进行到随后的子博弈，逆向归纳法允许被试者向前反推。施皮格尔等（Spiegel et al.，1990）报告了不那么令人满意的子博弈结果。与简单博弈结果相对应的是，尽管不像理论预测的那么准确，策略因素看上去确实重要。罗斯和马洛夫（Roth and Malouf，1979）引进两个彩票博弈实验，从中观察到，奖金较少的参与者得到的收益所占的比例更高；而不知对方奖金的提议者倾向于达成均等分割的协议。

虽然在理论上对讨价还价结果的预测是，提议者会要求几乎所有的收益，但是，实验观察到不同市场交易制度下讨价还价的行为偏离了完美均衡预测，出现了许多双方各得约百分之五十的平等分配提议。

（二）讨价还价实验均等分配的聚点

平等划分是富有吸引力的，因为它是集中的、有效率的和公平的（Nydegger and Owen1，975）。罗斯等（Roth et al.，1981）设计了一个实验，看能否创造出一些聚点。结果显示，某些协议果真成了聚点。无论双方收益为多少，基本上都倾向于使讨价还价双方获得均等分配。虽然这些关于聚点的协议存在的原因或许是标准博弈论模型所无法描述的，但是，讨价还价者却可能意识到聚点协议的存在，并且，将它与自己的策略性的"博弈行为"整合到一起。

罗斯（1985）在另一项讨价还价的实验研究中发现，在给定了聚点的协调博弈实验中，部分实验数据与均衡行为一致。梅塔等（Mehta et al.，1990）也检验了关于聚点的假说。在他们的实验中，聚点本身是可以被操控的。讨价还价者把分配到的份额作为线索，来解决讨价还价博弈中的协调问题。分配方案是分配结果与各自持有的份额相匹配，这样的分配方案和平均分配一起构成了一个聚点。

梅塔等（1992）在实验中讨论了聚点效应，[①] 发现由于聚点的不同，从而增加了实验中的不协调率。罗斯（1985）认为，这种不协调是由于其中分配的聚点较多而造成的。

哈里森（Harrison，1990）和古斯（Guth，1988）都对这些早期的聚点实验结果给出了解释。哈里森（1990）认为，聚点的出现完全可以用博弈论的策略性因素来解释，因为在博弈中，所有协议都可以作为均衡结果出现。与此相反，古斯（1988）则指出，应该用非策略因素来解释聚点的出现。为此，古斯（1988）阐述了"行为分配正义理论"，交易双方只有在觉得分配公平时才会达成协议，而彼此的收益信息会让他们在决策中考虑公平问题。福迪（Foddy，1989）也独立地提出了类似的解

---

① 聚点效应（Focal Point）最初是由诺贝尔经济学奖获得者谢林（Schelling）提出的。具体指，当人们可预见到很多可能的均衡时，有策略存在突出的特征，使人们不约而同的选择能够达成共识的策略。

释。从根本上看，古斯（1988）和福迪（1989）所指出的无非是，任何讨价还价理论都必定是一个关于如何分配收益才公平的理论。宾摩尔等（Binmore et al.，1989）就是在策略性环境下把"收益各得一半"的均衡结果当成了公平结果。

对策略因素的关注不足以单独解释讨价还价实验结果，对非策略因素的关注，例如，对利他主义或公平的关心，也可能影响讨价还价实验结果。在大多数情况下，被试者都会提出自己得到接近一半份额的划分方案。这与经济学家通常使用的利己假设也不一致，对公平的关心是利他主义的一种类型（Kahneman，Knetsch and Thaler，1986），我们并不会直接得出被试者会"尽量做到公平"的结论。

梅塔等（1992）对公平的看法不同，被试者在博弈中倾向于选择自己认可的公平。虽然被试者对公平秉持自己明确的观念，公平观念会影响策略环境，但是，现有的实验证据也表明，被试者会由于获得经验而不断修正自我的公平观念，而且，这种修正也会受到策略性因素的深刻影响。这就意味着，虽然策略环境会受公平观念的影响，但是，同时策略环境也会影响公平观念。

（三）讨价还价的动机

观察到上述结果的规律性都是稳健的，博尔顿（Bolton，2000）将注意力转移到对它们的解释。罗斯和马洛夫（Roth and Malouf，1979）认为，被试者可能不是效用最大化者，可能对双方参与者收益的分配有某种偏好，而不只是对自己的收益有偏好。卡尼曼、尼奇和泰勒（Kahneman，Knetsch and Thaler，1986）也观察到最后通牒博弈中提议者放弃总额的显著倾向。他们认为，最后通牒博弈中提议者慷慨性的一个主要原因是对对方福利的关心。泰勒（Thaler，1988）赞同被试者的效用函数包含金钱之外因素的观点。奥克斯和罗斯（Ochs and Roth，1989）也认同，在讨价还价者的效用函数中还包含着未曾得到控制的因素。博尔顿（2000）更是明确提出了一个关于讨价还价者偏好的理论，认为效用函数应该有两个自变量，即收入和相对份额。

讨价还价者不仅关注自己得到的收益，而且，关注自己的所得占整个"饼"的份额。博尔顿（1991）的观点是，作为第二个自变量的相对份额正是讨价还价过程偏离完美均衡预测的原因，因为讨价还价博弈理论只能预测使自身收入最大化的行为。具体而言，讨价还价交易方会在拒绝他人的提议后提出对自己不利的反提议，这只是从收入的角度而不是从相对份额的角度得出的解释。博尔顿进而假定，讨价还价者只有在与讨价还价对手"共同分享同一块饼"的时候，才会将自己的支付与对方的支付进行比较。

被试者会因为不公平现象而主动实施惩罚，即使参与者以前的不公平行为并不涉及自己。居斯等（Güth et al.，1982）通过完成最后通牒实验认为，提议者无法充分利用"最后通牒的性质"，因为被试者在对方索取"过多"时会实施惩罚。类似文献，还有居斯（Güth，1990）、博尔顿（1993）等的研究。韦格等（Weg et al.，1990）组织了一系列轮流出价的讨价还价博弈实验，与其他实验中观察到的结果完全一致，出现了很多平均分配的提议；也出现很多在拒绝对方的提议后，却提出了不利于自己的提议。而来自霍夫曼等（Hoffman et al.，1991）的最后通牒博弈实验证据显示，提议者明显的慷慨性与利他主义或公平没有太大关系，而是考虑到对方可能会拒绝不平等提议。博尔顿（1991）设计了一个两阶段博弈实验，出发点是考虑奥克斯和罗斯（1989）所列举的有规律的现象：在第一期的提议中，总是有相当大比例的提议遭到拒绝；拒绝对方的提议后提出的反提议中不利于自己的比例是不可忽视的。凯南和威尔逊（Kennan and Wilson，1993）则着重关注对自己不利的反提议。

（四）讨价还价动机的深入探究

基于实验中出现的对半分配的慷慨性提议和对自身不利的惩罚性反提议，我们不由得对被试者行为提出疑虑，慷慨行为背后的根本原因，是由于提议者内心更关注公平，还是因为担心其低出价会被对方拒绝？

　　为了区分二者，已有文献设计了三类实验。

　　第一类，为剔除担心被对方拒绝这一因素。卡默勒等（Camerer et al.，1988）在实验中，将程序设定为最大化收益的电脑与被试者进行讨价还价。结果发现，虽然在实验中剔除关注公平的因素，被试者并没有做出博弈理论上的均衡分配，但是，被试者也没有表现出明显的自利性。

　　第二类，在最后通牒博弈实验中，对比研究了独裁博弈实验。独裁博弈是指，在最后通牒博弈中，剥夺了对方的拒绝权力。福赛思等（Forsythe et al.，1994）在试验中发现，平均出价是总额的20%，独裁者的出价远小于提议者在最后通牒博弈中的出价。这说明，提议者的行为既是出于公平或者利他的动机，也是策略上担心被拒绝的考虑。随后，外部选择作为扩展条件被阿宾克等（Abbink et al.，2001）加入最后通牒博弈实验中，结果发现，如果降低实验中提议者的被拒绝后外部选择的收益对方的拒绝频率有上升趋势。这可能是对方被拒绝后有嫉妒心理或者公平的关注，进而对出价的卖方进行惩罚。

　　第三类，为了剔除对公平利他等行为的影响增加了奖金额度，让参与者更多地考虑自身利益。但是，在试验中，卡默勒和霍格瑞思（Camerer and Hograrth，1999）发现，奖金增加确实对提议者的出价行为和对方的行为有所影响，但是效应比较小（Roth et al.，1991；Straub and Murnighan，1995；Hoffman et al.，1996）。卡梅隆（Cameron，1999）在印度尼西亚等其他地区也进行了类似实验，但也没有发现由于奖金不同而带来不同效应。

（五）讨价还价的信息效应

　　在实验中观察到，奖励大小的信息会影响结果的稳健性，虽然这些前期实验未能准确地预测到与奖励有关的信息对讨价还价结果的影响。为了将前期实验中观察到的信息效应进一步分离，罗斯和穆尼根（Roth and Murnighan，1982）又设计了一个实验。当且仅当奖励较少的参与者知道双方的奖励时，均等预期价值才会成为关于聚点的协议；由于未曾预测到的信息效应表现出了很强的规律性，因此，很难将其简单地归因于讨价还价者的错误反应或者非理性行为。罗斯和肖马克（Roth and Schoumake，1983）则用实验表明，对于罗斯和穆尼根（1982）观察到的结果，不同的信息条件产生的影响，可以用被试者预期会随着信息的改变而改变解释。

此外，凯南和威尔逊（Kennan and WilSon，1993）则着重关注对自己不利的反提议，因为在奥克斯和罗斯（1989）的所有实验轮次中，讨价还价者的偏好都未能得到完全控制，所以，讨价还价者不可能拥有关于其偏好的共同信息。因而，要解释这类现象，完全信息模型是最佳选择，即参与者偏好的不确定性已经得到了明确描述的博弈模型。

然而，对讨价还价者可用的信息进行了对称性界定的某些重要讨价还价理论，并没有得到实验数据的支持。尤其需要指出的是，许多理论研究都是基于如下假设：只有拥有的信息严格地少于完全信息，讨价还价者才能更好地对讨价还价过程进行建模。然而，讨价还价者可能确实缺乏某些类型的信息，这会影响讨价还价的结果，但是，除了有关效用函数的完全信息之外，还涉及讨价还价者之间的相互信息，讨价还价的结果对这些信息也很敏感。

二、明码标价的实验

明码标价在零售和网络购物中特别常见。卖家公开要价出售产品，买家要么接受，要么离开，不讨价还价。自 20 世纪以来，明码要价逐渐在大型商场、零售店中流行，原因是为充分利用运营中的范围经济和规模经济，不得不依赖于大量的销售人员按照明示价格销售产品。此外，明码标价也是政府管制的结果。例如，对航运业和酒精饮料业的管制，要求价格上报监管机构备案且不允许打折销售。

明码要价（posted offer auction，PO）和明码出价（posted bid auction，PB）是明码标价的两种主要形式。明码要价是指，市场中的价格由卖方独立地决定，而且是不可更改的市场交易制度。如果将卖方和买方的角色互换，即由买方先公布出价，再随机地选择卖方，让卖方做出销售决策，那么，明码要价交易就变成了明码出价交易。

为更好地研究明码要价制度，先考虑一个最简单的垄断市场，只有一位卖方、一位买方和一单位的商品。第一个寡头垄断实验是在 20 世纪 60 年代由福雷克和西格尔（Fouraker and Siegel, 1963）进行的，卖方同时进行有约束力决策（Friedman, 1963, 1967, 1969; Dolbear et al., 1968; Sherman, 1972）。这些早期的研究是为了检验伯特兰定价或古诺数量决策环境中理论的预测结论。在寡头垄断市场中，明码要价的交易制度会使得价格高于更为对称的交易制度下的价格。凯彻姆、史密斯和威廉姆森（Ketcham, Smith and Williams, 1984）对明码要价市场的理论分析和对实验中观察到的行为总结出，让卖方明码要价导致价格升高而市场效率降低。

效率最高的是双向拍卖制度，是对证券市场的模拟，但是，其信息结构并不是大多数产业组织经济学家最感兴趣的。与之相比，明码要价交易制度的价格更高，而效率却更低。与现实的零售市场的交易制度最接近的是明码要价制度，卖方公开要价，买方要么接受，要么放弃，这也许是由于零售市场上的买方规模都比较小。

（一）理论模型基础

以由古诺（Cournot, 1838）清晰表达的简单的数量选择框架开始进行讨论，这是很自然的事情，因为许多寡头垄断理论是用这一制度进行表述的。在古诺制度中，卖方被试者同时选择数量，然后，每个卖方被告知所有卖方所选择的总数量。

数量竞争的古诺模型的最优替代方案是伯川德（Bertrand, 1883）的价格竞争模型。伯川德模型的一个重要含义在于，即使是在高度集中的市场中，价格竞争也会导致竞争性的结果。给定一个同质化的产品，价格标示将会导致相同的竞争性结果，因为每个买方一直都有降低任一的超过竞争性价格的动机。这一预测结果的外部性，已使得一些经济学家把古诺模型作为解释在寡头市场中形成更合理的价格的工具。哈特（Hart，1979）得出了相似的结论："我们拒绝伯特兰方法，因为它有着即使是在双寡头垄断下也可形成完美竞争的令人难以置信的含义。"然而，这些论断不能被用于证明实验市场中古诺制度施加的外在条件。这些观点确实表明了相反的一面——使用价格选择制度可检验竞争价格是否接近在古诺数量博弈均衡中所确定的水平。

卖方公开标示目标价格的例子，是普遍的。例如，在许多零售和邮购的情形中，卖方在一个不容讨价还价的基础上报价。这一设定价格行为的实验，通常是在明码标价的拍卖形式中使用。

在理论研究中，古诺博弈模型（Cournot game）占据了重要的地位，但是，在涉及产业组织的实验研究中却常常失效，关键是其不现实的定价机制，这方面用伯川德模型可以弥补。然而，与不存在限制的伯川德博弈（Bertrand game）定价模型不同的是，在实验室中的卖方只能被给予数量有限的产品。

（二）古诺博弈

古诺博弈是产业组织经济学家最常使用的理论工具。因为即使在通常条件下，这个模型也是易于驾取的；而且，得到的结果一般也是符合直觉的。在古诺市场博弈中，所有的卖方同时对生产数量进行决策，进而确定市场出清价格。在这个价格水平上，所有买方都不再有超额需求。

福雷克和西格尔（Fouraker and Siegel，1963）的经典实验，是最早进行的古诺数量决策实验之一。对于古诺数量决策市场，关键的特征是所有卖方的数量决策都同时完成；并且，所有交易都以同一个价格成交。这种交易制度也被归入"明码标价"的交易制度一类。

在古诺数量决策市场上，明码标价交易制度已有广泛应用，相关实验研究包括，宾格等（Binger et al.，1990）对古诺博弈中交流的实验设计；约翰逊和普洛特（1989）对调整与稳定性的探究；贝尔（Beil，1988）对监督、惩罚等有利于合谋的各种因素的研究；韦尔福德（Wellford，1990）针对横向兼并方面的尝试；霍夫曼等（Hoffman et al.，1991）、宾格等（Binger et al.，1988）对于卡特尔垄断配额的研究；梅森和菲利普斯（Mason and Phillips，1991）对纵向一体化市场的探索等。所有这些实验研究结果表明，在多期数量决策实验中参与的卖方超过两位的竞争性比古诺模型所预测的更强；而在多期的双寡头古诺实验中，实验的均衡结果在古诺模型所预测的均衡点两侧，甚至落在了完全合谋与相对竞争水平之间。

（三）数量决策交易制度的劣势

古诺数量决策交易模型关于市场出清假设显得笨拙而机械。事实上，在理论分析中，古诺数量决策模型的应用比在实验中多。古诺模型中交易制度的行为假设是内置于市场交易制度中的，这是其优点。由于其隐含的假设是，生产产品之后，竞争会使价格下降到不存在超额需求的水平。对于此隐含假设，可以用来预测卖方的数量很少时价格竞争的后果。斯宾塞（1976）认为，为了避免两败俱伤的激励价格竞争，古诺数量决策博弈模型交易方之间相互协调的倾向存在于大多数行业中。哈特（Hart，1979）也持有相似的观点。但是，这些观点并不能用来证明将古诺数量决策型交易制度外生地运用在市场实验中的合理性。实际上，这些观点恰巧指明了相反的思路：为确定实际价格是否接近于古诺均衡的竞争价格，应该使用价格决策型市场交易制度。

克雷普斯和沙因克曼（Kreps and Scheinkman，1983）提出，在理论模型中，决定行为分两个阶段：所有卖方先一同决定生产能力，然后，在观察卖方生产能力之后，再同时进行价格决策。古诺价格和古诺数量就是由此两阶段博弈的非合作行为所导致的。但是，几乎不可能将价格决策过程外生地"硬连线"到实验市场的交易制度中去，更何况克雷普斯和沙因克曼（1983）的研究结果对配置超额需求的规则非常敏感。

从博弈论视角有一个问题：卖方进行决策的对象是什么？如果卖方在买进投入要素之前并不考虑其他卖方的决策，那么，在市场实验中运用克雷普斯和沙因克曼（1983）的两阶段模型及其变体也许是合理的。但是，如果卖方只能独立地决定价格，而数量则是由买方需求所决定的，那么，使用价格决策模型或许更合适。尤其是，无论哪一种情形都可能存在其他允许协商的制度安排。

采用伯川德价格决策模型与采用古诺数量决策模型的不同假设的研究文献，得到的结果通常截然相反。卖方能否对数量决策事前承诺？实验并不能解决此问题。可以尝试的实验研究是，如果在市场实验中实施一项市场交易制度，让卖方先承诺未来售卖的数量之后，再进行决定价格的市场交易，那么，或许能观察到古诺模型所预测的结果。梅斯特尔曼和韦兰（Mestelman and Welland，1987，1988）、约翰逊和普洛特（1989）的实验结果显示，如果先进行数量承诺，之后，再进行价格决定的明码要价拍卖，那么，价格就会收敛于竞争均衡水平。霍特（1990）针对梅斯特尔曼和韦兰（1987，1988）的两个实验进行计算，结果发现，在将单位卖方的产量限制为一个单位时，古诺均衡将会使价格提高，同时，使卖方的利润增加。因此，对于古诺均衡结果和竞争均衡结果，梅斯特尔曼和韦兰（1987，1988）的实验设计并不能将其明确区分，尤其是，虽然结果具有明显可比性，但是，它仍然没有给古诺模型提供充分支持。

（四）明码标价的实验研究

在著名的明码标价拍卖的实验中，威廉姆森（1973）让卖方独立选择价格，公开标示，并且，不容许讨价还价。随后，作为买方的被试者被随机挑选，并给予其合意购买的机会。威廉姆森同时也进行了明码竞价拍卖，并随机选择卖方在由买方标示的竞价给予合意的销售机会。

早期的明码标价市场，产生了基本预测与竞争性预测一致的结果。然而，威廉姆森注意到，他的明码价格市场实验与史密斯的市场实验存在一些明显区别。具体而言，当卖方标示要价时，价格倾向于位于竞争性水平之上；而当买方标示竞价时，价格通常是在竞争性水平之下。同时，实验结果显示，在一个交易期内，能进行修正的单边拍卖和双向拍卖与史密斯（1964）的竞价和要价的价格相比，明码标价市场中竞争性价格水平的收敛更慢。因而，在市场中不容许讨价还价时，明示价格为卖方提供了优势。与连续的竞价相比，明示价格交易对价格的领导者施加了更少压力（Williams，1973）。

对于明码标价拍卖的效率，戴维斯和威廉姆森（1986）与其早期进行的双向拍卖的效率进行了比较，后者为96%，前者为82%。戴维斯、哈里森和威廉姆森（Davis，Harrison and Williamson，1993）对供求移动条件下的制度进行了比较，发现在明码标价拍卖市场中，其平均效率只有66%。

普洛特和史密斯（Plott and Smith，1979）比较了单边的明码标价市场和口头竞价拍卖。该文献发现，在不容讨价还价的基础上标示竞价时，交易双方同样获益，另外，与口头竞价市场相比，观察到明码竞价市场有更慢的收敛速度和更低的效率，并得出结论：这些差距是由于交易规则的变化，而不是每个交易方交易数量的变化造成的。

明码标价市场产生竞争性结果的趋势，受供给和需求的稳定性和结构的影响（Davis，Harrison and Williamson，1991）。当生产过程延迟时，卖方的生产决策经常在出售之前就已完成。梅斯特尔曼和韦兰（1988）发现，有约束力、提前的生产决策掩饰了明码标价市场"从上往下收敛"的特征。威廉姆森只采取了明码标价的处理变量或明码竞价的处理变量，而没有提供由供给结构和需求结构所组成的明确的控制条件。梅斯特尔曼和韦兰（1991）进一步研究显示，可以提前生产的明码标价市场并没有比根据需求进行生产的市场更具有竞争性。由于买方不易显示保留价格，因而明码标示的价格对需求变动的反应很差。

从总体上看，明码要价交易制度由于减少互动而节约了谈判成本，可以部分抵消因这种制度会抬高价格而带来的低效率，尤其是不允许讨价还价而使搜寻过程大大简化的公共定价。事实上，与买方必须自己承担成本、"长途跋涉"地搜寻合适的卖方和价格的情形相比，在某些特定环境中，公开而集中化的明码要价制度甚至有可能提高效率。请注意，在这里并不是与集中化的双向拍卖制度相比，而是与分散的讨价还价制度相比。

第四节　市场交易制度的改进

一、市场交易制度与均衡

不同的市场交易规则、市场交易制度对均衡结果产生重要的影响。韦登（Werden，1991）认为，双向拍卖市场交易制度与绝大多数行业市场中运用的市场交易制度并不相同。但是，实验证明分散商讨，比如，通过电话讨价还价，这种制度能产生竞争性很强的结果（Grether and Plott，1984；Hong and Plott，1982）。韦登（1991）梳理了有关市场结构、市场环境和市场绩效的实验证据后指出："实验经济学文献表明，通常当实验被试者的人数比较少时，不会出现均值均衡结果。"绝大多数实验经济学家可能都不会同意这个结论，因为当实验被试者比较少时，竞争均衡结果也能出现；而且，即便存在垄断者，当他们必须在双向拍卖交易中参与分散商讨时，也能出现竞争均衡结果。

1. 不同交易规则的改进对均衡结果的影响，以明码要价基础交易制度为例。艾萨克和史密斯（Isaac and Smith，1985）组织了一系列明码要价市场实验，对以往的可竞争市场实验的设置做了一些修正，在交易之间引入了信息不对称；另一个重要的实验设置是，对明码要价拍卖程序进行了改进，允许出现能够导致损失的价格和数量。结果是，在所有场次的实验中，都没有观察到高定价行为。

鲁斯特罗姆（Rustrom，1985）在艾萨克和史密斯（1985）实验设计的基础上进行了改进，引进了在每个交易周期都可以获得固定收益的一个"可选市场"，但是，仍然没有出现高定价行为的结果。

哈里森（1988）采用一些更巧妙的方法，也对上述实验设计进行了改进：所进行的明码要价实验中，共设计了5个市场和11个卖方，每个卖方在同一时间只能进入一个市场。对于在艾萨克和史密斯（1985）实验设计的基础上改进而来的多市场版实验，哈里森只报告了其中一局观察到高定价现象实验的结果。

而荣格等（Jung et al.，1994）在搜寻较高定价行为时，则采取了不同的方法，以一个简单的信号传递博弈为基础来设计明码要价市场的实验，在这个博弈中，高定价成为最终均衡结果。

2. 不同市场交易制度对均衡产生的影响，以报价制度为例。公开报价、禁止串谋等是市场实验的主要特征。只要禁止串谋并公开所有交易和报价，是能够达到市场实验的竞争性均衡的。

表 2 - 1 中显示在三种报价制度下被试者的均衡结果，三种报价制度如下：R_S 是只允许卖方要价，买方自由选择要价，但不允许出价；R_{SB} 是买卖双方都可以自由地提出报价，并接受对方的报价；R_B 是只允许买方出价，卖方自由选择出价，但不允许提出要价。

表 2 - 1　　　　　　　　　　　报价制度对均衡的影响

组别	R_S（卖方要价）	R_{SB}（买卖双方报价）	R_B（买方出价）	边际均值
A 组（20 个被试者）	208	213	217	213
B 组（28 个被试者）	195	209	213	206
边际均值	202	211	215	209

资料来源：Smith V. L. Papers in Experimental Economics ［D］. Cambridge University Press，1991.

仅允许卖方报价的市场，其均衡趋势明显弱于买卖双方都可以报价的市场，这种较弱的趋势甚至也会出现在非均衡趋势中。单边报价的市场似乎对买方更为有利，这也许是因为在价格形成过程中买方公开的需求信息太少。

二、基本市场交易制度的修改

在对市场交易制度的修改方面，洪和普洛特（Hong and Plott，1982）与雷瑟和普洛特（Rrether and Plott，1984）这两项研究特别出色。他们针对管制和反管制的相关问题，分别设计了不同的市场交易制度。另外一项非常有意思的市场交易制度是发生在连续时间的连续市场交易环境中，米尔纳等（Millner et al.，1990）提出了一个关于"流"的市场。在这种明码要价的扩展市场交易制度下，卖方在任何时刻都可以改变要价，并且，模拟需求作为价格的函数在每单位时间内确定销售流量。虽然流动市场很难从理论上进行研究，但是，米尔纳等（1990）引进了确实存在的因素，流动市场中对"打了就跑"（hit and run entry）袭击式市场策略的分析非常有用。

除此之外，在现实生活中，存在很多消费品市场和资本品市场，卖方常被买方要求予以一定的价格折扣，而且，买方确实得到了折扣，尽管与所请求的不一定完全一致。这可以从很多方面对于最常用的明码出价拍卖和双向拍卖两种市场交易制度进行修改，使得修改后的交易制度对研究更有针对性。一方面，是由于在现实世界的许多市场中，普遍存在明码标价之后再打折等交易行为；另一方面，虽然研究中双向拍卖制度的结构与现实中很多资产市场中盛行的市场交易制度非常相近，但要价和出价公开且连续地公布的市场在真实资本品市场和消费品市场中很少存在。

值得注意的是，在双向市场拍卖中，作为对竞争对手降价行为的反应，卖方可以在任何时间降价。但是，正因为这种降价行为是对所有买方的，因此，也是非选择性的、公开的。在存在"清仓贱卖"的明码要价拍卖市场中（Mestelman and Welland，1991），降价行为也是非选择性的、公开的。然而，诸多消费品市场和资本品市场都符合占据主导地位的私人化的、选择性的降价方式。

已有文献中，在明码标价基础上再进行打折的市场交易制度实验非常少。格雷特和普洛特（Grether and Plott，1984）在实验设计中增加了一个允许以电子通信方式进行交流的设置，买方和卖方分别在不同的房间中就卖方所公布的标价进行在线交流，或买方给卖方打电话，要求打折。戴维斯和普洛特（Davis and Plott，1994）设计了一个"标价/折扣"市场交易制度：卖方在电脑上公开发布价格，接着，随机挑选买方（如同明码要价拍卖），被选中的买方就能在私下申请降价，而卖方对此可以积极回应，也可不予以理会。戴维斯和普洛特（1994）设计的市场结构实验系列成果之一很显著，即卖方只要有机会就会给买方折扣。乐意打折的倾向进一步凸显了价格不可协商的明码要价拍卖制度下的限制规定，同时，又由于在市场中价格折扣现象非常普遍，因而，在制定政策时不能将明码要价实验结果作为依据简单地加以引用。

如果市场交易环境允许在标价的基础上进行折扣，则买方会向出价高的卖方请求比较多的折扣，因而交易者不易出现无法成交的情况。戴维斯和普洛特（1994）的实验结果可以用此观察结论解释：在可以进行打折的实验场次中，发现卖方要价相当高，这导致市场效率下降；而在卖方有意利用公布标价带来竞争的其他实验中，导致了趋于竞争均衡水平的高效率。较高出价的实验场次的市场效率反而低，当出价和折扣率都很高时，成交价格的变动幅度就相当大。可变的范围取决于买方的价格搜寻成本。很高的标价最终会失去信息价值，致使市场效率受到损害。

最后，买卖双方进行交易时经常"货比三家"后再行决策，在与此市场环境相对应的市场交易制度中引入搜寻过程是合适的，已有的相关研究将在本书的第三部分进行详述。

初步来看，所涉及的市场交易制度种类非常繁杂，在表 2-2 中，对上述不同类型市场中的价格发布顺序及所进行的一些限制进行归类。

表 2-2 不同市场交易制度的市场实验

市场交易制度	买方/卖方的数量	出价方	出价顺序	合约确定方式
明码要价拍卖（posted offer auction）	—/—	卖方	要价同时公布	买方依次买定
明码出价拍卖（posted bid auction）	—/—	买方	出价同时公布	卖方依次卖定
英式拍卖（english auction）	1/—	买方	逐渐提高价格	售卖给出价最高方
双向拍卖（double auction）	—/—	买方与卖方	出价渐高、还价渐低	买方与卖方

市场交易制度	买方/卖方的数量	出价方	出价顺序	合约确定方式
价格折扣（discount）	—/—	卖方	同时报价，但循序打折	买方
顺序搜寻（sequence search）	5/5	卖方	卖方依据自己的判断独立出价	卖方出价、买方决策

注："—"代表的是一个或多个买方（卖方）。要价（offer or ask）与出价（bid）是不同的。
资料来源：笔者根据市场实验的相关文献整理而得。

第五节　消费者有外部选择的市场交易环境

一、关于搜寻的交易制度变迁

在搜寻过程中，个人决策会在市场层面直接造成一定的影响。关于搜寻问题的研究很多（Lippman and McCall，1976），搜寻最先用于寻找工作的研究中，随后，用于分析买方购买产品的行为或者其他经济行为。本节从工作搜寻、产品搜寻和信息搜寻三个角度对已有的交易制度研究进行梳理，其中，产品搜寻又分为传统购物和在线购物两种不同的方式。

（一）工作搜寻

一般模型都假设，在每一期个体都需要工作搜寻，随后，以某个概率能够发现工作机会。个体可以接受此工作，也可以拒绝，然后，继续搜寻其他工作。假如搜寻者在进行了进一步搜寻后，又返回来再接受原来的工作，则先前的工作机会可能仍在，也可能已经不存在了，在与不在的概率是由搜寻者"浪费"时间的多少所决定的。对于此理论模型的预测，在经济生活中人们是否如此搜寻工作，相关的经验证据近乎为零。因此，能够获取实验数据就非常重要。

运用实验方法检验上述基本理论模型（Schotter and Braunstein，1981；Braunstein and Schotter，1982），不同的是，实验中，被试者在接受

工作之前，愿意搜寻多久都可以，搜寻的时间是"无限的"。被试者在实验中需公开其保留工资，但可以接受更低工资，不受这一限制。作为对比的基准实验，被试者公布的保留工资的平均水平（134.5）几乎达到了最优水平（133），但是，显示出搜寻努力不够（平均搜寻时间实际为3.7，而最优水平为4.5）。对有些设置做了改变后，如搜寻成本、被试者拒绝的工作机会能否重新获得、工作机会分布的离散程度等，被试者所公布的保留工资和对工作机会的接受程度都能如预期的方向变动，但差异并不显著。按照伯格（Berg，1986）的研究思路，加入风险厌恶因素后，被试者公布的保留工资水平为110，趋向更低（最优水平为130）。

科古特（Kogut，1990）也对无限期的有搜寻成本的情况进行了实验，在每一期，被试者都要付出0.08美元的搜寻成本，并且，从一个已知的均匀分布中随机抽取价格。在每轮实验中，对于所接受的价格和搜寻成本被试者都必须支付，从而获得已知价值。每期的保留价格都相等，意味着最优化的搜寻者不会在拒绝某个价格以后，又返回再接受拒绝的价格。然而，实验结果表明，被试者确实接受了拒绝的价格，而且，此行为所占比例约为1/3。实验还表明，即使假设有高的风险厌恶程度，被试者也常常会过早停止搜寻。

考克斯和瓦哈卡（Cox and Oaxaca，1989）则研究了有效期为20期的搜寻行为，以便更有效地控制实验。若是风险中性的被试者，则结束搜寻的最优水平约占总时间的80%。那么，若只在一半时间就结束搜寻，显然是过早了。考克斯和瓦哈卡（1989）的实验与肖特和布朗斯坦（Schotter and Braunstein）的实验有相似之处，搜寻时间与各种参数变化之间的变动方向也与预期相同。参数包括机会的离散度、搜寻成本，但持续变动的搜寻规模与显著性却未达到最优点。考克斯和瓦哈卡（Cox and Oaxaca，1992）在另一个实验中，还要求被试者在公开保留工资的同时承诺，将会完全按照这一工资水平接受工作或者拒绝工作。被试者公开保留工资除了开始显得过低、结束时显得过高之外，其他部分与最优路径相当吻合。但总体看来，与基准的风险中性相比，被试者搜寻不足。

在价格分布未知且被试者没有报酬时，海伊（Hey，1982）研究了购物被试者的搜寻行为。在实验过程中，记录被试者的表述，这些表述支持拇指法则，[①] 其中一条是关于保留工资的策略。海伊（1987）组织的另一个被试者有报酬且价格分布状态对一半被试者公开的实验中，被试者使用最优保留价格策略的概率显著提高，但并非通过货币激励实现。令人困惑的是，实验表明，被试者拒绝的报价反而会使总利润减少，起到反作用；并且，可能由于风险厌恶，被试者搜寻得过少。

穆恩和马丁（Moon and Martin，1990）进一步扩展了对海伊的研究：更多可供选择的决策规则提供给被试者。其实验数据表明，利用截断法则被试者的决策行为和利用标准最优化理论同样清楚地解释了被试者的决策行为。同时，穆恩和马丁的计算机仿真实验也显示，运用启发式决策所获得的结论与最优结论的误差只有1%，非常接近。

而哈里森（1990）对好几类搜寻问题进行了研究。哈里森1990的实验设计了如下实验环境：在系列产品组中，被试者在第 t 期只能抽取一个价格（$p_t = 1$）；在可变产品组中，被试者每次可以购买一个产品，由 p_t 个报价组成；在固定产品组中，被试者只能在一个期间抽取产品（t = 1）。实验结果表明，被试者在可变产品组确实充分利用了这一点，选取的产品大于 $p_t = 1$ 的序列产品组，而搜寻所用的时间也比 t = 1 的固定产品组多，赚得更高的利润。但是，非参数检验结果显示，利润增加并不显著。

卡彭特和鲁迪西尔（Carpenter and Rudisill，2003）在讨价还价的工作搜寻实验中，对有其他选择的劳动力管理问题进行了探讨，在模型中其他选择的估值能够内生地决定，并且，估值随机地从均匀分布中选择，实验结果发现，去搜寻但未接受其他选择的卖方比没有进行搜寻的卖方还价更高。

在实验中，被试者很难接近最优策略，是因为搜寻问题的最优策略

---

① 拇指法则（rule of thumb），中文又译为"大拇指法则"，又叫"经验法则"，是一种可用于许多情况下的简单的、经验性的和探索性的但并不是很准确的原则。

很难通过推导获得。然而，在被试者对参数变化做出反应时，异常现象在实验中出现了。此外，与假设风险中性下的最优搜寻量相比，研究者发现被试者往往搜寻过少。若诱导出风险中性，或对风险厌恶的程度加以度量，并且，用搜寻不足检验被试者行为结果、用风险厌恶促进被试者行为理性化，则会使研究收获颇丰。类似地，若能够清楚地知道能否运用启发式规则得到非常接近于最优结果是非常有益的。穆恩和马丁（Moon and Martin，1990）的计算机仿真实验显示出确实能够做到。

（二）产品搜寻

1. 传统购物搜寻。

买方对于产品的购买，传统方式是在实体店并且可以"货比三家"的市场环境中进行。同样地，可以将工作搜寻的思路推广应用于买方"货比三家"、卖方有权定价的市场实验中。卖方为制定出最有利于自己的价格，必须清楚买方的搜寻方式。

早期文献的搜寻模型中并不包含交易（Diamond and Maskin，1979；Mortensen，1982），之后，出现了随研究交易与搜寻过程交错的方法（Muthoo，1995），有研究直接将搜寻市场作为一种内生的选择（Atakan and Ekmekci，2012），直至博德和皮西亚（Board and Pycia，2014）认为买方有权选择其他产品，并实施了顺序搜寻优化机制。

众多理论及模型都预测市场中将出现价格分歧，这种差异和分歧更多内生地取决于卖方的购物习惯。例如，亚维斯（Yavas，2002）将可选择的其他产品作为变量，考虑其内生性，由利润最大化内生地决定对其他产品的选择。格雷格等（Gregher et al.，1988）给出了支持部分理论模型的实验证据。又如，宾摩尔等（Binmore et al.，1989）进行了理论上的分析和预测：买方是否有其他产品的选择权与最终交易不相关。其随后的实验结果表明预测是正确的，在声誉效应或不完全信息很严重时，则买方对其他产品的选择权与最终交易不相关。对于转向其他产品的交易方，搜寻产出总体是有效率的，并且，交易者相对接近于最优搜寻策略（Feri and Gantner，2011）。

不同的市场环境、不同的搜寻方式导致与之匹配的不同制度，其效率是不同的。比较不同的市场交易制度的市场效率的实验研究已经很多，双向拍卖的市场效率比其他可比的市场交易制度都高。基尔奇坎普等（Kirchkamp et al.，2009）发现，在第一价格拍卖中，买方有其他产品选择权比没有时交易价格显著升高，收益的溢价明显更高。密封式第一价格拍卖比第二价格拍卖的收益更多。表2-3总结了其他几项有代表性的比较研究。

表2-3　　　　　　　　不同市场交易制度的市场效率比较　　　　　　　单位：%

代表性文献	市场交易制度				
	双向拍卖	明码要价	集合竞价	明码标价且按顺序协商定价	顺序搜寻
戴维斯和威廉姆森（Davis and Williams，1986）	96	82			
凯彻姆、史密斯和威廉姆森（Ketcham，Smith and Williams，1984）	97	94			
戴维斯和威廉姆森（Davis and Williams，1993）	97	66			
戴维斯和威廉姆森（Davis and Williams，1991）	98	92			
史密斯和威廉姆森（Smith and Williams，1982）	95		89		
弗里德曼和奥斯特洛伊（Friedman and Ostroy，1989）	96		90		
戴维斯和霍特（Davis and Holt，1994a）			94	83	
本书的研究实例结果					96

资料来源：笔者基于凯格尔和罗特（Kagel and Rot，1995）的研究进行整理和补充而得。

此外，现实中某些明显的异常搜寻模式再现于实验室中，是一个很有意义的研究方向。例如，普拉特等（Pratt et al.，1979）发现，总体上，各类消费品之间存在的价格差异是其平均价格的线性函数。对于搜寻成本更高的昂贵产品，则此结果合理。但是，还有一种与之矛盾的行为解释：买方在购买产品时所在意的边际收益（MR）不是按照绝对额而是按照百分比计算的，因此，若 35 元的一本书能够为其节省 5 元，而均值 500 元的烤箱能够为其节省 20 元，那么，买方的搜寻时间将更多地用于前者。

2. 在线购物搜寻行为。

在线购物搜寻行为能够减少市场交易成本，提高市场交易效率。在线上电子市场中，当买方能够使用强有力的搜寻工具，能够免费出价、轻易找到产品以及网上购物的信息，搜寻成本基本上减少到零。参与者在线下花费时间和精力完成搜寻任务，导致存在明显的搜寻成本。从网络实验的初步结果可以看出搜寻任务的复杂性及搜寻引擎性能的水平。搜寻策略和参与者的经验，是搜寻成本和搜寻绩效的决定因素（Kumar and Lang，2004）。

从 20 世纪 90 年代，互联网日益成为买方重要的信息来源，即使最终交易离线完成，购物者仍使用搜寻工具查找要购买产品的信息（包括价格、设计、风格、评论等）。由于搜寻成本是影响买方购买决策和卖方定价的重要因素（Stahl，1989；Stahl，1996），因此，买方通常倾向于制定一定的搜寻策略，更好地管理搜寻过程，减少搜寻成本。

很少人专注于有经验地网络搜寻成本的研究。在信息经济学领域的既有研究表明，互联网技术和电子市场降低了买方的搜寻成本（Bakos，1997；Malone et al.，1987；Spink，2002）。搜寻成本经常被认为是一个影响其他变量的参数（Bakos，1997；Malone et al.，1987；Smith et al.，1999；Stahl，1989，1996）。

更具体地说，史密斯等（1999）发现，可以从价格水平、价格弹性和价格离差三个维度中，降低搜寻成本，提高互联网市场的效率。同质产品（Brynjolfsson and Smith，2000）和差异化产品（Bakos，1997；Smith et al.，1999）因较低的搜寻成本导致价格较低。较高的价格弹性（绝对值）也可能产生于在网络上买方的较低搜寻成本（Smith et al.，1999）。价格离散产生于高的搜寻成本（Stahl，1989，1996），从而减少了搜寻成本导致较低的价格离差。

然而，在网络市场中，价格离散仍然显著（Smith et al.，1999）。一个原因是，互联网市场上搜寻成本低于传统市场，导致价格离散仍然显著。一般来说，搜寻成本可以影响顾客对价格差异的感知，导致某些买方比其他人支付更高的价格（Salop and Stiglitz，1977）。因此，更高的搜寻成本会降低买方的感知。另一个原因是，互联网市场上的差异，如网站的知名度、网络广告和门户网站的位置等导致价格离散仍然显著。在网上卖方提供了更多便利，时间敏感的买方的数量增加了（Smith et al.，1999）。虽然搜寻引擎对买方是免费的，但卖方需要支付搜寻引擎费用以便在搜寻结果中出现在显眼的位置，以付费广告、宣传横幅等方式加大产品曝光率。因此，对于某些产品，卖方通过网络搜寻工具可以更方便地向买方收取高价。

减少搜寻成本，除了对价格有影响，对线上电子市场中异质产品的供给影响也非常显著（Bakos，1991，1997）。巴科斯（Bakos，1997）发现，获得价格和产品信息所减少的搜寻成本，通常能够提高市场效率，但也会减少在分化市场上的卖方利润。为了避免在市场上对价格控制力的损失，卖方可能会利用某些策略，如勾结，增加产品的差异化，隐瞒一些信息等方式，增加买方进行价格比较的难度，以努力抵消最初降低的搜寻成本。

（三）信息搜寻

许多心理学研究都是与购买决策行为信息有关的。此类研究成果与上述关于工资与价格的搜寻问题的工作搜寻研究成果类似：买方对搜寻有影响的某些因素不够敏感。如，信息的准确性和信息成本；而对原本与搜寻无关的因素却过分敏感，如，信息来源和可得信息总量等（Connolly and Gilani，1982）。此外，康诺利和吉兰尼（Connolly and Gilani，1987）还发现，给被试者建立一个能够将信息有效转化为决策的决策目标后，被试者购买信息时的差错就减少了大约一半。

　　若能够将心理学家的研究成果进一步延伸到经济学领域，那会使得经济学的实验成果更为丰富，因为在经济模型中，信息的价值是从其在决策过程中所发挥的作用推导出来的。因此，信息市场往往与其他资产市场等结合在一起（Sunder，1991；Copeland and Friedman，1992）。

　　毫无疑问，互联网已经影响并且将继续影响买方的信息搜寻行为。对实践者而言，尤其是搜寻引擎公司，提升搜寻引擎界面设计非常有成效。互联网对于大多数定期使用的买方往往是初步的主要信息源，从而减少了对传统信息资源的使用依赖和重要性，提升了市场交易效率（Peterson and Merino，2003）。

二、外部选择与外部搜寻

　　许多真实世界的交易，重复地发生在外部选择的阴影下。正如鲁宾斯坦和沃林斯基（Rubinstein and Wolinsky，1986）试图窥视交易的"黑箱"，近30年来，国外学者也试图探索存在外部选择情况下交易的"黑箱"。而国内相关研究才刚刚起步，仅有的文献是将外部选择用于专用性投资和工作搜寻的研究。总体来说，涉及外部选择的理论研究并不多，实验研究为数更少。

　　将搜寻过程引入消费者拥有外部选择的交易中，能够消除一些令人不满意的特征。搜寻能力对价格博弈双方寻找替代选择是有影响的。搜寻模型最先出现于找寻工作的研究中，之后用于分析消费者购买行为和其他经济行为。消费者可接受某产品的出价，也可离开继续搜寻。如果完成其他搜寻后，又决定返回接受原先产品的出价，那么，原先产品可能存在，也可能已经消失。从搜寻的实验文献中获得了两个主要发现：其一，搜寻行为非常接近于最优策略；其二，与最优均衡相比，搜寻行为过少。

　　消费者有外部选择的特例，是消费者可返回谈判。搜寻的交易双方拥有不完全信息的讨价还价与拥有完全信息的讨价还价相比，增加可返回谈判的选择并非微不足道。对搜寻与交易深入研究的是茨维克和李

（Zwiok and Lee）。在其专项实验中，搜寻是单个随机的，交易只允许一轮讨价还价，消费者可以离开去搜寻其他产品。这项实验对可返回谈判时的交易价格和不可返回谈判时的交易价格研究表明，企业对消费者是否返回接受原有价格是敏感的，可返回模式与不可返回模式相比，交易价格更高。此外，费里和甘特纳（Feri and Gantner，2011）在甘特纳（Gantner，2008）理论研究的基础上，进行了可返回谈判的后续实验研究，检验单一企业和单一消费者之间双边不完全信息情形下两个讨价还价博弈。结果显示，搜寻行为是有效率的，并且，搜寻行为非常接近于最优策略。

在消费者有外部选择的一般情形中，有限的实验文献不包含搜寻过程。其中，对于外部选择与成交价格之间关系的研究，存在三种截然不同的论断。

第一，消费者拥有外部选择使交易价格更高。基尔奇坎普等（Kirchkamp et al.，2009）比较有外部选择的第一价格拍卖和密封式第二价格拍卖的出价和均衡，发现企业确实对外部选择及共同信息的变化比较敏感。其结论为：第一价格拍卖比第二价格拍卖的价格更高，并且，有外部选择时交易价格显著地更高；在第一价格拍卖时，有外部选择时比无外部选择时交易价格更高，而在第二价格拍卖时，是否有外部选择对价格的影响却很小。但是，凯格尔和罗特（Kagel and Rot，1988）更早观察到，在第二价格拍卖中，消费者有外部选择时，企业出价过高。这些实验结果与可返回谈判特例的研究结论总体上基本相同，也与博德和皮西亚（Board and Pycia，2014）的理论结论一致。

第二，消费者是否有外部选择与交易价格不相关。宾摩尔等（Binmore et al.，1989）的理论分析预测了在讨价还价交易制度的背景下，外部选择与最终交易不相关；同时，其实验结果也表明，预测是正确的，如果不完全信息或声誉效应很重要，则外部选择与最终交易不相关。

第三，消费者有外部选择使得交易价格更低。宾摩尔等（1989）后来的讨价还价实验结果表明，消费者有外部选择使得结束谈判的威胁可信，且对于有外部选择的参与者而言收益增加，对外部选择估值高但仍比当前产品的估值小时，交易均衡更倾向于竞争水平。实验结果还显示，在不完全信息时，交易仍倾向于竞争均衡。更早的库恩（Kuon，1994）的实验发现，如果关于对方的外部选择有不完全信息时，外部选择低估值的弱参与者会伪装成高估值的强参与者，并且，对外部选择有更高估值和更多经验的被试者会以更低的价格进行交易。

第六节　小　结

综上所述，当市场交易环境发生变动时，需设置不同的市场交易制度来考察其对绩效的影响，即把市场交易制度当作可控的内生变量。讨价还价和明码标价是两种基本市场交易制度，各具特色。讨价还价作为最原始的市场交易制度，仍然普遍地存在于高度发达的市场经济中；而明码要价市场交易制度由于减少互动而节约了谈判成本，可以部分抵消由于抬高价格而带来的低效率。可以将基本市场交易制度加以改进，以便与变化的市场交易环境相匹配。对于外部选择的相关研究，国内才刚刚起步，仅有的文献是将外部选择用于工作搜寻和专用性投资方面的研究；国外涉及外部选择的实验研究不多，结论也颇具矛盾和争议。另外，通过对搜寻文献的梳理发现，搜寻是一种优势行为。因此，本章借助实验方法，首先，判断搜寻的有效性；其次，将搜寻过程引入消费者拥有外部选择的交易实验研究中，以探求消费者有外部选择情况下的卖方定价问题。

第三章　理论模型

本章包括讨价还价模型和科斯猜想定价模型。这两个模型都对买方没有外部选择的情况和买方有外部选择的情况进行了研究。第一节，探讨了两个不同的讨价还价博弈模型。在讨价还价博弈模型Ⅰ中，买卖双方都有不完全的信息和限制性报价，不考虑消费者的外部选择。在讨价还价博弈模型Ⅱ中，买方有外部选择，能够搜寻到更好的价格。第二节，分三种情况对科斯猜想定价模型进行探讨。这三种情况分别是买方无外部选择、有外生外部选择和有内生外部选择。

在第一节中，模型分析结果表明，买方搜寻的目的是接受搜寻报价，而不是诱导卖方降低报价。博弈中讨价还价与搜寻的均衡是由命题3.2刻画的，表明了搜寻不会比讨价还价的结果更差，搜寻是有效率的。由此得出的推论进一步显示，在买方有外部选择的讨价还价博弈的均衡路径上，如果关于外部选择的信息是对称的，那么，买方永远不会返回去讨价还价。因此，基于此结论，在第二节科斯猜想定价模型的分析中，引入顺序搜寻过程实现了外部选择的内生化。

下面，将对这两个理论模型进行详细阐述。

第一节　讨价还价模型

一、文献回顾

在不完全信息情况下，当博弈收益不对称时，我们检验理论预测如何能够很好地将收益分配给合适的参与人。换而言之，如果这些规则没有给社会偏好留下多少余地，支持的是策略性行为，那么，标准理论能否很好地预测谈判结果，或者是否有其他行为规则能够更好地解释所观察到的行为？

为此，本书采用了查特吉和萨缪尔森（Chatterjee and Samuelson，1987，1988）的双边不完全信息的交替讨价还价模型，这个模型是对不完全信息讨价还价理论的一个重要贡献。当报价受限时，模型存在唯一均衡，在此均衡中，先行动的参与人利用不完全信息隐藏自己的参与人类型，从而获得更多的总收益份额。在此讨价还价的扩展中，甘特纳（Gantner，2008）为买方增加了外部选择，为具有非讨价还价的顺序搜寻过程建模。理论分析表明，尽管选择在讨价还价和搜寻过程之间反复切换，但可以毫不拖延地达成谈判协议，并且，当双方都知道搜寻的估价时，开始搜寻的参与人永远不会返回讨价还价。

允许存在不确定外部选择的是茨维克和李（Zwick and Lee，1999）以及卡彭特和鲁迪西尔（Carpenter and Rudisill，2003）完成的两个实验。这两个实验模型的假设及预测，与我们的模型不同。他们采用完全信息的讨价还价假设，搜寻是单一随机抽取的过程，而在我们的模型中，参与人隐藏于不完全的信息中，买方可以在讨价还价过程和搜寻过程之间随时转换，搜寻不受限制。茨维克和李（1999）只允许一次讨价还价，他们有两种方式：一种是在实现搜寻报价后撤销卖方初始价格；另一种是不撤销卖方初始价格。在不撤销卖方初始价格的情况下，参与人一旦选择退出，他们就承诺支付搜寻报价，而在我们的模型假设中不是这样。在撤销卖方初始价格的情况下，两种类型的均衡被刻画为：依据搜寻成本，找到有搜寻和无搜寻的均衡。卡彭特和麦克安德鲁（Carpenter and Mcandrew，2003）只允许进行一次重新讨价还价，该过程遵循最后通牒讨价还价规则。具有外部选择的参与人，可以在搜寻和立即还价之间进行选择。子博弈完美均衡意味着，永远不会采纳外部选择，因为重新讨价还价产生更高的回报，因此，搜寻与均衡结果无关。他们发现，初始报价类似于最后通牒博弈的报价，但许多公平报价被拒绝了。在还价是最好策略时，参与人会去搜寻。当返回重新讨价还价时，买方愿意交易，但此时买方如果无外部选择，卖方会进行更贪婪的还价。请注意，在我们的模型中，有一个潜在的无限讨价还价期限，因此，我们的讨价还价与上述模型不同。

李等（Lee et al.，2005）建立的声誉模型，与我们的模型类似，重复博弈中的卖方不完全了解买方搜寻更优价格的外部选择成本，模型采用随机抽取的均匀分布。在搜寻方面不同的是，一旦买方决定执行外部选择，就承诺支付搜寻价格。但是，买方有外部选择，会导致谈判价格高于预期。

由于搜寻行为是研究的一个重要组成部分，因此，应指出序贯搜寻实验文献中的两个主要发现。一个发现是搜寻行为非常接近于最优策略（Schotter and Braunstein，1981；Hey，1987；Kogut，1990；Sonnemans，1998）；另一个发现是，与最优搜寻数量相比，被试者往往搜寻得太少（Cox and Oaxaca，1989；Schotter and Braunstein，1981）。被试者更喜欢从搜寻中获得的报价，而不是从连续搜寻中获得报价，这是规避风险的行为。在一系列实验中，考克斯和瓦哈卡（1989，1992，2000）对有限搜寻模型的理论预测进行了系统探索，发现假设风险规避行为的模型在实验检验中表现良好。

本章节的其余部分阐述了两个理论模型，分别如下：首先，刻画了无外部选择的讨价还价博弈模型；其次，进一步研究有外部选择的讨价还价博弈模型进一步研究。

二、无外部选择的讨价还价模型

查特吉和萨缪尔森（Chatterjee and Samuelson，1987）分析了一个双边不完全信息的限制性报价的讨价还价博弈 I。卖方 s 和买方 b 就不可分割产品的价格 p 进行讨价还价。买卖双方不完全了解对方对产品的估价。每个参与人可以是以下两种可能的类型之一：b 的估值（bv）可以是高或低：bv ∈ {hv, lv}；同样，s 的成本（sc）可以是高或低：sc ∈ {hc, lc}。令 lc ≤ lv < hc ≤ hv。在 t = 0 期，b 面对低成本 s 的先验信念是 π_s^0，而 s 面对高估值 b 的先验信念是 π_b^0。先验信念是外生的，是常识。参与人根据贝叶斯法则更新其信念。报价 p 仅限于高报价 p_h = hc 和低报价 p_l = lv。令 t 表示讨价还价期。b 和 s 之间的讨价还价过程如下：在 t = 1 时，s 提出一个报价，b 在三个方案中选出一个做出回应：他可以接受 s 的报价，或者拒绝并还价，或者退出。如果 b 接受或退出，博弈就结束了。如果 b 还价，参与人进入 t = 2 期，s 决定是否接受 b 的报价，或拒绝并还价，或退出。如果 s 接受或退出，博弈就结束了。如果 s 还价，则在 t = 2 期轮到 b。对于讨价还价的期数没有外部限制，但将贴现系数 δ < 1 用于未来收益。达成交易，s 的回报是 p – sc，b 的回报是 bv – p，否则是零。

从模型设定可以清楚地看出，一方面，高成本 s 的唯一可接受价格是 p_h，低估价 b 的唯一可接受价格是 p_l，否则，这些参与人将产生损失，因此，他们被称为不灵活参与人，两种不灵活类型之间进行互利交易是不可能的。另一方面，高估价的 b 和低成本的 s 可以在不造成损失的情况下接受任何一个报价，因此，被称为灵活参与人。灵活参与人有策略性动机来隐藏其类型，以获得更高利润。

正如查特吉和萨缪尔森（1987）所显示的，讨价还价只在有限但内生性决定的时期内进行。当 b 在第 1 轮中以概率 π_b^0 接受 p_h，并以概率 $1 - \pi_b^0$ 继续下一轮博弈时，如果要价为 p_l，对于 s 在第一轮接受 lv-lc 优于要价 p_h，那么，存在两个灵活参与人在 t = 1 中显示其类型的均衡：

$$\pi_b^0(p_h - lc) + \delta(1 - \pi_b^0)(p_l - lc) \leq p_l - lc \qquad (3-1)$$

给出 π_b^0 的边界值：

$$\pi_b^0 \leq \frac{(p_l - lc)(1 - \delta)}{p_h - lc - \delta(p_l - lc)} \equiv \bar{\pi}_b \qquad (3-2)$$

在这种情况下，买方从报价 p_h 中推断出他面对一个不灵活的卖方 s。然后，灵活的买方 b 接受 p_h；不灵活的买方 b 退出。

如果卖方认为买方 b 是灵活类型的且信念足够高（$\pi_b^0 > \bar{\pi}_b$），则存在唯一均衡：灵活的卖方 s 隐藏其类型，即他出价 p_h。那么，b 会在 s 面前显示其类型，如果：

$$\delta\pi_s^0(hv - p_1) + \delta(1 - \pi_s^0)(hv - p_h) \leqslant hv - p_h \qquad (3-3)$$

也就是说，如果买方 b 关于买方 s 是灵活类型的先验值足够低，则：

$$\pi_s \leqslant \frac{(hv - p_1)(1 - \delta)}{\delta(p_h - p_1)} \equiv \bar{\pi}_s \qquad (3-4)$$

由于在第 1 轮中延迟交易是有成本的，那么，对于灵活的 s，最好的反应是在 $t = 2$ 期接受 p_1，因为 s 一定认为，如果在第 1 轮中，当 $\pi_s \leqslant \bar{\pi}_s$ 时，并且买方接到低出价时，他面对的就是缺乏灵活性的买方。

如果条件（3-2）和条件（3-4）都不满足，则均衡是混合策略。如查特吉和萨缪尔森（1987）的研究所示，该博弈具有唯一的均衡：

命题 3.1：双边不完全信息的讨价还价博弈存在唯一的纳什均衡，其中，如果 $\pi_b^0 \leqslant \bar{\pi}_b$，则低成本的卖方在 $t = 1$ 期出价 p_1。如果 $\pi_b^0 > \bar{\pi}_b$ 且 $\pi_s \leqslant \bar{\pi}_s$，则高估价的买方在 $t = 1$ 期接受 p_h。如果所有条件都不成立，则均衡是混合策略。

三、有外部选择的讨价还价模型

在讨价还价博弈 II 中，讨价还价过程及关于类型和参数的信息，如讨价还价博弈 I 所述。唯一的区别是，消费者有外部选择，b 可以选择搜寻其他产品并购买，而不是退出。图 3-1 显示了讨价还价搜寻博弈的过程。

在搜寻阶段，买方 b 每期都会收到一个不可协商的报价。买方 b 可以接受这个报价，或者拒绝并继续搜寻，或与卖方 s 重新协商。为进行简化，我们考虑一个离散时间模型，其中，外部选择的报价 y 是从区间 $[0, \bar{y}]$（$\bar{y} \in N$）上的离散均匀分布中随机抽取的。关于外部选择报价的分布，b 和 s 具有相同信息。

为找到讨价还价和搜寻的均衡策略，我们需要知道搜寻与讨价还价相比哪个更优。搜寻价格决定于最优保留价格 y^*，y^* 是 b 在继续搜寻与接受当前搜寻报价之间无差异的价格。这个最优保留价格由 b 的估价 v 所决定。如果 b 拒绝所有外部报价 $y > y^*$、接受任意 $y \leqslant y^*$，就认为 b 遵守保留价格策略。由于我们对外部报价有离散的均匀分布，y^* 由式（3-5）解得：

$$v - y^* = \delta \left[\frac{1}{\bar{y} + 1} \sum_{y=0}^{y^*} (v - y) + \frac{\bar{y} - y^*}{\bar{y} + 1} (v - y^*) \right] \qquad (3-5)$$

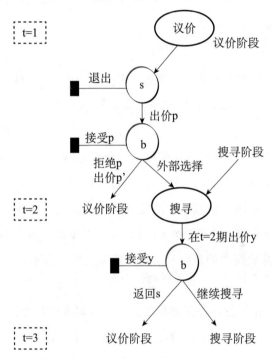

图 3-1 讨价还价和搜寻博弈

资料来源：笔者引入外部选择，对相关文献整理而得。

甘特纳（Gantner，2008）用连续时间搜寻过程描述了这个博弈均衡。在此过程中，可验证的外部选择报价来自泊松分布。在该博弈中，每一期，对于从离散均匀分布中随机抽取的外部选择报价进行搜寻是可行的，而且，如果 b 决定返回 s，则会失去外部报价。由于估价中的保留价格升高，因此只有不灵活类型的买方 b 才会讨价还价。我们只需关注灵活买方的保留价格 y_{hv}^*，因为它推动了讨价还价结果。该博弈的讨价还价与搜寻的均衡由以下命题刻画：

命题 3.2：在买方有外部选择的双边不完全信息的讨价还价博弈中，关于外部选择的信息是对称的。如果 $y_{hv}^* < p_1$，则高估价买方在 $t = 1$ 期执行外部选择，并遵循保留价格策略。如果 $y_{hv}^* \geq p_1$，则若满足至少以下条件之一，在 $t = 1$ 期，低成本卖方和高估价买方同意低价格 p_1：

（i）$y_{hv}^* \leq p_h$

（ii）$\pi_b^0 \leq \bar{\pi}_b$

如果这两个条件都不成立，那么，考虑 π_s^0 和 $\bar{\pi}_s$ 之间的关系，若 $\pi_s^0 \leq \bar{\pi}_s$，则低成本卖方、高估价买方同意高价格 p_h，否则，在纯策略中不存在均衡。

因此，条件（i）为买方 b 确定了一个"好"的外部选择，激励灵活类型的卖方 s 揭示其类型。条件（ii）已从纯讨价还价博弈中知晓。由于在时期 0 知道是否满足命题 3.2 所述的条件，并且，未来的收益被贴现，因此，若满足条件（i）或条件（ii），灵活类型的 s 将立即显示其类型。总之，买方 b 开始搜寻的目的只是接受搜寻报价，而不是诱使卖方 s 降低报价。

推论 3.1：在买方有外部选择的讨价还价博弈的均衡路径上，如果关于外部选择的信息是对称的，那么，买方永远不会返回去讨价还价。

由于是甘特纳（Gantner，2008）模型的直接应用，因此，省略了证明。在讨价还价博弈 I 中，显而易见的问题是，高收益是否被分配给"正确"的参与人。如果在讨价还价博弈 I 中参数的选择会使卖方 s 具有战略优势，那么，在讨价还价博弈 II 中，买方 b 通过适当选择搜寻参数，使战略优势消失。因此，可以检验讨价还价博弈模型 II 中的博弈是否如预期的那样，在讨价还价阶段结果或搜寻阶段结束，检验参与人搜寻的时间以及是否返回讨价还价。

3.1.2 小节、3.1.3 小节理论模型的结论，将会在第四章中用于对理论模型的预测，并将其与实验数据进行对比分析。

第二节 科斯猜想定价模型

买方从卖方购买一种产品，在不同时期卖方选择了不同价格。在每一期，买方可以购买、放弃搜寻或转向外部选择。与科斯猜想相反，存在唯一的均衡，即在每一期卖方出价都等于一个不变的垄断高价。随后，我们将单人买方模型嵌入搜寻过程中，得出的结果为非讨价还价提供了研究基础。

一、科斯猜想及外部选择

科斯猜想是现代微观经济理论的基石，为定价理论的承诺问题提供了一个典型例子。他认为，对于任何给定的价格，高估值买方比低估值买方更有可能购买，从而导致需求中出现负选择（negative selection）。因此，随着时间推移，卖方降价，导致高估值买方推迟购买。因此，卖方无法承诺，导致卖方自身的后期对卖方自身的前期施加负外部性，从而降低其整体利润（Gul and Wilson，1986）。这种负选择的结果是稳健的，当成本是非线性的（Kahn，1986）、产品随着时间而贬值（Bond and Samuelson，1984）、新买方进入时（Sobel，1991）、买方面临未来的竞争时（Fudenberg and Skrzypacz，2010），结论都成立。

在本节中，将显示科斯猜想在买方有外部选择的自然环境中失效。考虑单个卖方，面对单个买方（或连续的买方），卖方对产品估值未知，外部选择的估值未知。每一期，卖方先选择价格 P_T；然后，买方选择购买、等待或转向外部选择并终止博弈。外部选择可能来自购买其他产品的可能性。例如，当等待苹果手机价格下跌时，客户可以从竞争对手处购买手机。同样地，当对小轿车价格进行讨价还价时，买方可能会放弃谈判而转向下一个卖方。一旦谈判结束，外部选择也可能来自追求其他目标。例如，当游客在集市上讨价还价结束后，他就可以开始游览当地的景点了。

在这一节中，将表明科斯猜想在买方有外部选择的自然环境中失效。本章内容将做如下安排：首先，研究如果没有外部选择时的均衡，并表明当这种零外部选择类型的数量减少时，最优价格收敛到垄断高价。其次，将外部选择作为外生变量，并证明存在唯一的均衡，即卖方对其需求收取不变的垄断高价。最后，通过考虑顺序搜寻模型来实现外部选择的内生化。

二、无外部选择

在这部分，研究了消费者没有外部选择的均衡，当这种零外部选择类型的数量减少时，最优价格收敛到垄断高价。同时，还分析了均衡定价结果的稳健性。

卖方试图在 $T \in \{1, 2, \cdots\}$ 期向单个买方出售产品。卖方生产产品的成本是 $c = 0$，是众所周知的信息。买方对产品估值 $v \in V \subset [0, \bar{v}]$ 以及其对外部选择的估值 $w \in W \subset [\underline{w}, \bar{w}]$ 是私人信息，其中，$\underline{w} > 0$，并且 $\bar{v}$ 和 $\bar{w}$ 是有限的。这些估值 (v, w) 是从 $v \times w$ 分布中得出的，分布是共知的信息。

基准模型假定买方的外部选择有下界 $\underline{w} > 0$。相反，如果所有类型的外部选择都等于零，则存在一个标准的科斯均衡，价格随时间下降。可能会注意到，如果只存在少数这种外部选择为零的类型，那么，在所有时期，卖方的垄断报价不再是顺序最优的，因为一旦所有高估值外部选择类型退出，就变为标准科斯猜想。然而，下面将显示，当增加外部选择为零的类型时，卖方利润持续变化。

为了获得一些直观性，考虑特殊情况，买方以概率 α 为 $W = 0$ 和以概率 $1 - \alpha$ 为常数 $W > 0$，并且，假设 $v \in [\underline{v}, \bar{v}]$，$\underline{v} > 0$（保证了一定有内部选择），则我们可以使用逆向归纳法构建一个纯策略精炼贝叶斯均衡

(PBE)。对任何初始价格 p_1，估值高于某个价格节点 x_1 的类型选择立即购买，估值低于某些价格截点 z 的高估值外部选择类型选择退出，从而在市场上留下 [z, x_1] 区间高估值外部选择类型和 [$\underline{v}$, x_1] 零估值外部选择类型。给定子序列价格 {p_2, p_3, …} 和节点 {x_2, x_3, …}，使得买方在 t = 1 期退出和在 τ 期 τ：= min {t: x_t ≤ z} 购买之间无差别时，就确定了买方的 z 值，即 $w = \delta^{\tau-1}$ (z － p_τ)。由于 z 在 t = 1 期留在市场和退出市场之间是无差异的，因此，类型 [z, x_1] 更严格地偏好于在任意均衡处购买或留在市场。对于任意给定的 z，我们可以通过逆向归纳法来刻画价格和截点，正如戈尔和威尔逊（Gul and Wilson，1986）中的一样。

当 α→0（存在外部选择），延迟类型收敛于零，并且，利润收敛于静态均衡。假设情况并非如此，并且，假设高估值外部选择类型收敛到 [z, x_1]，其中，x_1 > z。当 α→0 时，卖方将以逐步增加高估值外部选择类型作为激励来降价，使价格低于 z，导致出售给零估值外部选择的类型减少。具体而言，由于面向类型 z 出售将导致价格的离散下降，因此，如果 α 足够小，那么，卖方宁愿针对集合 [z, x_t] 进行细分，推迟价格下降，从剩余的高估值外部选择类型中提高收益。结果，τ→∞ 和 z 型倾向于在 t = 1 期退出，这与高估值外部选择类型有延迟的假设相矛盾。

我们将正式阐明均衡收益在类型分布上是连续的。为了避免在连续的类型和行为的博弈中出现可测量问题，在离散模型中得出这一连续结果。如同前面没有外部选择情况所述的一样，在每一期，卖方选择价格，买方选择是否购买、等待或执行外部选择。只有买方知道自己对产品的估值 $v \in V \subset$ [0, $\overline{v}$] 和对外部选择的估值 $W \in W \subset$ [0, $\overline{w}$]，其中，$\overline{v}$ 和 $\overline{w}$ 是有限的。所不同的是，允许对外部选择的估值为零，并且，使类型和行为离散化；限定 V 和 W 为有限集，并且，假定存在最小货币单位 p_0，卖方被限制出价 $p \in$ {kp_0 | k = 0, 1, 2, …}。

考虑在 (v, w) 上 Gα 的一个累积分布函数（CDF），使得当 α→0 时 G^α→G^0 分布。假设对某些 W > 0 极限分布 G^0 已经包含在 [0, $\overline{v}$] ×

$[\underline{w}, \overline{w}]$ 中，并有唯一的静态垄断价格。

　　为了在 G^0 之下有唯一的完美贝叶斯均衡，静态博弈只存在唯一的平衡（其中，买方既可以购买产品，也可以采取外部选择）。在连续的价格上，我们只需要假设存在唯一的垄断价格；如果存在一定会购买的买方类型，则，卖方将降低价格。价格和类型都是离散的，如果价格足够细分，会有相同结果。令 p^* 在价格细分上最大化为 $p(1-F^0(p))$，其中，$F^0(p)$ 是极限分布 G^0 中净值为 $v-w$ 且严格小于 p 的函数。如果在 p^* 处存在 m，且 $p_0 \leqslant mp^*$，那么，至少有两个垄断价格 p^* 和 p^*-p_0。因此，唯一垄断价格的假设意味着，p^* 并不存在净估值的细分。

　　在定义 PBE 时，假设在 G^α 中卖方仅以正概率出现在买方类型中，因此，在 G^0 下的模型是基准模型的特例。在弗得伯格等（Fudenberg et al., 1987）的文献中，对任意 α 存在这样的均衡。此外，在极限分布 G^0 下，当价格分割足够小时，类似于命题 3.3 成立，这意味着，存在唯一均衡。则有：

　　命题 3.3：假设初始报价 p_0 足够小。当 $\alpha \to 0$ 时，买方、卖方完美贝叶斯均衡收益，逐步收敛于 $\alpha=0$ 处的唯一 PBE 收益曲线。

　　在 $\alpha \to 0$ 时，PBE 的收益是上半连续的。虽然在我们的模型中是真的，但这不是 PBE 的一般特性。例如，在斯宾塞（Spence, 1976）的信号模型中，当低估值类型趋于零时，分离均衡的收益是不连续的。一般来说，当给定极限信念均衡策略的极限是最优时，PBE 信念可能导致在上半区间不连续。出现这种情况是因为在 $\alpha \to 0$ 时，某些历史记录中的极限信念可能使 $w<\underline{w}$ 具有正概率，这与 $\alpha=0$ 时的信念不一致。通过命题3.3 及其离散化模拟，在 $\alpha \to 0$ 时，仅依赖于信念与极限一致的历史记录。简要地讲，假设高估值外部选择类型有正概率延迟，证明卖方的信念与这些记录是一致的，并显示净值最低的高估值类型将宁愿选择退出。

　　当 $\alpha \to 0$ 时，命题 3.3 考虑了对于固定的 δ 会发生什么，然而，限制顺序很重要。当 $\delta \to 1$ 时，对于固定的 α，垄断定价仍然是一个均衡，但是存在另一个科斯动态均衡。在纯策略均衡中，买方要么在 $t=1$ 期退出，要么留下直到购买。如果任意买方选择留下，$t \geq 2$ 期的子博弈类似于标准科斯模型，并且，在 $\delta \to 1$ 时价格将收敛到最低净值，正如戈尔和威尔逊（Gul and Wilson，1986）的文献中所述。

这在标准科斯猜想中不存在，因为在 $t \geq 2$ 期的分布是内生的，由 $t = 1$ 期延迟购买的买方决定。特别地，在 $t \geq 2$ 期连续博弈中，δ 的增加提高了买方的连续估值，从而在固定价格 p_1 上 p_1 增加了买方的延迟购买行为。当 $\delta \to 1$ 时，虽然可能影响价格下降速度，但在 $t \geq 2$ 期，子博弈也支持科斯猜想。即使在所有高估值买方都延迟的最坏情况下，即 $x_1 = v$，引入更多低估值买方，则买方可以加速收敛。

三、有外生的外部选择

在这一节中，将外部选择作为外生变量，证明存在唯一的均衡，即卖方对买方索取不变的垄断价格。直观地说，如果买方预期价格维持高价，那么，低估值买方就会执行其外部选择，退出市场。因此，需求中没有负选择，就不会出现降价。

为了更好地理解垄断高价均衡是唯一的，假设价格确实随着时间的推移而下降，并让 u 成为延迟类型的最低净值。在连续博弈中，卖方永远不会把价格降到 u 以下，因为这样会留下租金。因此，类型 u 将获得零效用，并应在 $t = 1$ 期执行外部选择，这与延迟的假设相矛盾。总体来说，外部选择会导致低值类型退出，并在需求中进行正向选择。这更符合现实：当在集市上购物时，卖方出高价更有可能导致低估值买方转向下一个摊位，而不是等待降价。

还有其他耐用品模型也产生了高价格均衡。奥苏贝尔和德内克雷（Ausubel and Deneckere，1989）认为，如果买方预期按照科斯定价的非均衡降价，那么，就可以保持任意高价格。弗得伯格等（Fudenberg et al.，1987）认为，卖方可以选择消费产品，并表明，如果买方预期卖方先消费，他就不愿意推迟购买，导致卖方随着时间的推移而变得更加悲观。在这两种情况下，都存在多重均衡，包括具有科斯动态的均衡；在本书中，垄断高价的均衡是唯一的。

已有文献也有类似于本书中所阐明逻辑的例子。戴蒙德（Diamond，1971）认为，n 家企业选择价格 $\{p_1，\cdots，p_n\}$，而买方支付正的成本来寻找另一家公司；在均衡点，所有企业都选择垄断价格。这两篇论文都有一个问题——买方必须由于支付搜寻成本（或放弃外部选择）而获得一些效用的奖励，但卖方有动机在买方做出决定后提取效用。因此，效用最低的购买方后悔搜寻（或放弃了外部选择），导致这种行为从底部散开。然而，这些模型有不同的含义，因为戴蒙德认为买方在离开卖方时会被阻止，而在本书的模型中买方留下时会被阻止。如果一家公司能报出多个价格，戴蒙德认为卖方就会因此遭受到科斯问题，而本书认为卖方则会索取垄断价格。佩里（Perry，1986）也有类似的逻辑，即双方在双边不确定性下通过交替报价进行交易。佩里证明，如果已知存在固定的报价成本而没有折旧，那么，博弈将在一轮中结束。然而，当引入折扣（Cramton，1991）或当报价成本是私人信息（Rubinstein，1985；Bikhchandani，1992）时，这一结果就不会成立，买方会通过等待来表明他们的类型。相比之下，本章考虑了一个科斯框架，收益是与折旧系数相乘后计算所得，并且，买方的估值和外部选择的估值都是私人信息。

先从观察买方外部选择的出现如何改变一个标准科斯猜想的均衡开始，卖方试图在 $T \in \{1，2，\cdots\}$ 期向单个买方出售产品。卖方生产产品的成本是 $c = 0$，这是众所周知的。买方对产品估值为 $v \in V \subset [0，\bar{v}]$ 以及其对外部选择的估值 $w \in W \subset [\underline{w}，\bar{w}]$ 是私人信息，其中，$\underline{w} > 0$，并且，$\bar{v}$，$\bar{w}$ 是有限的。这些估值（v，w）是从 $v \times w$ 分布中得出的；此分布是共知的。

过程如下：在任意开始的 t 期，卖方选择价格 $p_t \geq 0$。随后，买方进行选择：购买产品、转向外部选择或者等待。所有行为都是公开可见的，而且，允许混合策略。只有当买方选择等待时，博弈才会继续。由于买方和卖方都以共同的折扣因子 $\delta \in (0，1)$ 对效用进行折旧，因此，等待是有成本的。如果买方在 t 期购买产品，则他获得效用为 $\delta^t(V-P_t)$，卖方取得利润 $\delta^t P_t$；如果买方在 t 期内转向外部选择，他获得效用 $\delta^t w$，卖方获得利润 0；如果买方永远等待，则卖方收益和买方收益都为 0。公开的博弈过程是买卖双方连续行为的有限序列，从卖方决定的第一个价格开始。

一个完美的贝叶斯均衡（PBE）取决于卖方一系列的历史出价 p_t，买方接受或者执行的决定，并且，按照"信念既定下行动最优"来更新对估值（v，w）的信念；信念是来自任何时候，包括偏离均衡路径时都可能有的贝叶斯法则行为（Bayesian law）；[①] 而卖方的行为，即使是零概率的行为，均不改变其关于买方类型的信念。如果所有均衡都会导致相同收益，那么，本质上均衡是唯一的。值得注意的是，唯一性不会在偏离均衡路径上使价格固定。

将 $u=v-w$ 定义为买方的净值。设 F（u）是严格低于 u 的买方净值的概率（在没有任何偏差时与累积分布函数 CDF 一致），并假设垄断价格 $p^m \in \text{argmax } p(1-F(p))$ 是唯一的。买方和卖方遵循垄断策略，如果在每一期，卖方出价 p^m；买方在 $u \geqslant p$ 时购买产品，否则，执行其外部选择。我们表明，在任何 PBE 中，价格下降都不低于历史上的最低净值 $\underline{u}$。如果这种情况真的发生了，那么，卖方将在某些时期给予买方 $\underline{u}$ 租金。当租金达到最大值时，在任何 PBE 处，买方立即购买；略微提高价格不会由于折旧而导致买方的任何延迟购买行为，因此，略微提高价格是一个有利的背离。

引理 3.1：在任意均衡处，如果卖方认为在某些历史记录中买方净值高于 $\underline{u}$，那么，在该期卖方出价高于 $\underline{u}$。

证明：

确定一个 PBE。令 $\underline{u}$（h）在历史记录 h 下，卖方认为买方的最小值

---

① 贝叶斯法则是指当分析的样本大到接近总体数量时，样本中事件发生的概率将接近总体中发生的概率。

净值，令 $\underline{p}$（h）为卖方在 h 期出价的最小值。我们希望证明，对所有时期 h 都有 $\underline{p}$（h） > $\underline{u}$（h）。运用矛盾法，假设某些历史记录 h 的 $\underline{p}$（h） < $\underline{u}$（h），并且，设 $\Delta = \sup_h$（$\underline{u}$（h） - $\underline{p}$（h）） > 0 是未折旧租金的最小上界，这些租金是价格净值最低的买方类型可以接收的。由于价格是非负的，因此 Δ 是有限的；对于任何 $\varepsilon \in$（0，（1-δ）/2），我们可以在时刻 t 选择一个历史 h_t，此时，$\underline{u}(h_t) - \underline{p}(h_t) >$（1-$\epsilon$）$\Delta$。

我们认为，在历史记录 h_t 中，卖方认为买方立即以 $p \leq \underline{p}(h_t) + \epsilon\Delta$ 的任何价格购买的概率为 1。在 t 期，每种类型的买方都更喜欢现在购买，而不是执行外部选择，因为会从购买中获得正租金 $u - p \geq \underline{u}$（h_t） - $\underline{p}$（h_t） - $\epsilon\Delta > 0$。由此可见，$v - p > w > \delta^{s-t}w$，因此，每种类型买方更愿意在 t 期购买，而不是在 $s > t$ 期退出。为证明这一点，假设一些正度量集合类型确实决定在 $s > t$ 期等待和购买，其中，h_s 是历史 h_t 的连续滞后期，由贝叶斯法则 $\underline{u}$（h_s） $\geq \underline{u}$（h_t），因而，定义 p 和 h_s 满足：

$$\underline{u}（h_s） - p \geq \underline{u}（h_t） - \underline{p}（h_t） - \epsilon\Delta >（1-2\epsilon）\Delta > \delta^{s-t}（\underline{u}（h_s） - \underline{p}（h_s）），$$

如果 $\underline{u}(h_s) - \underline{p}$（$h_s$） ≤ 0，则最后一个不等式是否成立是显而易见的，并且，除 s 之外的时期都遵循 Δ 的定义和 $\epsilon <$（1-δ）/2 的假设。因为在 h_s 期仍然还在类型的价格估值为 $v = u + w \geq \underline{u}$（$h_s$），上述不等式导出 $v - p > \delta^{s-t}$（$v - \underline{p}$（h_s）），因而所有这些类型的买方更偏好在 t 期购买，而不是延迟到 s 期购买，这与某些类型的买方延迟的假设相矛盾。

任意价格 $p \leq \underline{p}$（h_t） + $\epsilon\Delta$，导致立即售出。因此，价格 $p \in [\underline{p}(h_t)$，$\underline{p}$（$h_t$） + $\epsilon\Delta$] 不是最好的出价，并且，$\underline{p}$（h_t）不是卖方在 h_t 报出的价格支持的最小值，这与 $\Delta > 0$ 矛盾。

命题 3.4：存在一个完美贝叶斯均衡，在均衡处，买方执行垄断策略、卖方执行垄断策略。此均衡是唯一的。

证明：

检查垄断策略形成 PBE 是直观的：如果买方在 t = 1 期退出或购买产品，那么，垄断报价永远是最优出价；如果卖方出价为不变，那么，买方将在 t = 1 期退出或购买产品。

为证明所有 PBE 结果的等价性，我们认为，无论卖方如何出价，在第 1 期，买方要么购买，要么退出。运用矛盾法，无论是否在平衡路径上，假设存在 PBE 且卖方价格 p_1 使得某些正子集类型买方决定延迟购买，并且，令 $\underline{u}$（h_2）是其净值的最小值。在 t ≥ 2 期退出，并不比在 t = 1 期退出更好，因此，在 t ≥ 2 的某些时期，有正测度子集 $u < \underline{u}$（h_2）$+ \epsilon$ 和 $\epsilon \in \left(0, \dfrac{1-\delta}{\delta} \underline{w}\right)$ 类型的买方以正概率购买产品。引理 3.1 和卖方信念的一致性，意味着 p（h_t）$\geq \underline{u}$（h_t）$\geq \underline{u}$（h_2），因此，对于 $u < \underline{u}$（h_2）$+ \epsilon$，我们有

$$\delta^{t-1}(v - p(h_t)) \leq \delta^{t-1}(v - \underline{u}(h_2)) < \delta^{t-1}(v - u + \epsilon) = \delta^{t-1}(w + \epsilon) \leq$$

w，其中，$\epsilon \leq \dfrac{1-\delta}{\delta} \underline{w}$。因此，在 t = 1 期，这些类型的买方宁愿退出，而不是等待购买产品，与假设延迟相矛盾。

因此，对于卖方发布的任何价格 P_1，买方可以在时期 1 任意 PBE 处购买产品或执行其外部选择。对于买方的激励相容性意味着；如果 $v - p_1 > w$，则买方购买；如果 $v - p_1 < w$，则买方行使其外部选择。对于无差异的买方 $V - P_1 = W$ 类型，二者皆可；如果 $v - p_1 - w > 0$，则卖方的激励相容性要求此类型的买方以概率 1 选择购买产品。买方行为既定，当卖方最大化 p_1（$1 - F$（p_1））时具有唯一的最优解。

引理 3.1 表明，卖方永远不会向具有最低净值 $\underline{u}$ 类型的买方提供任何租金。命题 3.3 用引理 3.1 来说明类型 $\underline{u}$ 应该执行外部选择而不是等待购买，这导致等待购买的买方从最后一期开始执行外部选择。由于对任意初始价格 P_1 没有延迟，因此，就静态而言，卖方崩溃了。

命题 3.3 对垄断定价理论进行了有趣的补充。垄断定价理论表明，卖方可以提供一系列的异质性产品来帮助卖方实施高价。如果垄断者销售单一产品，他可能试图通过科斯猜想方式来降低价格。如果它还有吸引低估值买方的第二件产品，这将提供一个外部选择，出清低端市场，致使其达到高价（或许可以说明许多企业推出一系列产品的原因）。另外，

结果表明，卖方获得的利润，就如同在 t = 1 期就对价格做出承诺时所获得的利润一样。

在本节模型中，虽然假设存在单一买方，但是，当卖方向具有不同估值和不同外部选择的连续买方持续销售相同产品时，也可以获得相同的结果。正如戈尔和威尔逊（Gul and Wilson, 1986）阐明的，此替代方案要求买卖双方行为对于任意的二条历史记录是一致的，这两条历史记录仅仅在买方接受/退出选择上有所不同。虽然戈尔和威尔逊的模型不允许选择退出，但关于单一买方的分析与连续买方的分析是等价的。

四、外部选择为内生变量

在第三章第一节中，研究了单个卖方面对具有外部选择 w 的单个买方，此时，外部选择为市场外生的变量。在本节中，我们通过考虑顺序搜寻模型来实现外部选择的内生化，并且表明存在唯一的均衡，其中，卖方根据其剩余需求收取垄断价格。

每一期，买方是选择留在当前的卖方处，还是转到另一个卖方处，新卖方会有一个新的产品估值；然后，新卖方会报出一系列价格。在这种情况下，来自未来的搜寻机会构建了买方的外部选择，并且垄断定价结果成立。在均衡状态下，与某一个卖方交易的买方们会收到一个报价，如果买方对产品的估值足够高，就立即购买产品，否则就转向下一个卖方。

因此，我们的模型表明，即使科斯猜想适用于单个卖方，当面临竞争的卖方为买方生成外部选择时，它也可能不成立。这一结果补充了奥苏贝尔和德内克雷（Ausubel and Deneckere, 1987）以及戈尔（Gul, 1987）的结论，他们认为卖家之间的定价存在直接竞争，这些模型存在多种均衡，而我们的模型存在唯一的均衡。我们的垄断定价结果大大简化了分析：一旦我们证明了卖方选择价格不变，尽管按照一定比例进行折旧，这种均衡仍类似于沃林斯基（Wolinsky, 1986）或安德森和雷诺（Anderson and Renault, 1999）的研究。因此，我们可以将结果视为卖家不进行讨价还价（Wolinsky，1986）的假设基础。

具体如下：

市场包括大量同质的买方和大量同质的卖方，每个卖方的产品都有零边际成本。在卖方 i 处都有买方对产品不公开的估值，表示为 v_i；这些估值不随时间而改变，并且，在卖方之间具有独立同分布的连续密度 f（·）和在 $[0, \bar{v}]$ 上的分布函数 F（·）。

每一期进程如下：买方选择留在当前卖方处或随机选择一个新的卖方；如果买方找到新的卖方，观察他在此卖方 i 处对产品的估值 v_i；卖方向买方报价；我们既可以假设卖方 i 观察到市场的全部历史记录，也可以仅仅假设只能观察到卖方 i 的历史记录。$\{p_1^i, p_2^i, \cdots\}$ 表示，由卖方 i 出价的序列。

由于 $\delta < 1$，卖方 j 具有一定的市场控制力，并能保证自身利润为正。也就是说，即使将来所有卖方标示的价格为零，当 $v > \delta w$ 时，卖方也会增加价值 $v - \delta \max \{v, w\}$，从而可以获得正利润，其中，w 是转移到另一卖方的产品估值（$w < \bar{v}$）。由于卖方赚取正利润和估值的密度函数是连续的，卖方 j 将在任意均衡处出价 $p_1^j < \bar{v}$，买方获得的期望效用为正。因此，当面对卖方 i 时，买方的外部选择为正，$w > 0$，我们应用命题 3.3 得出结论，在任何 PBE 中，每个卖方 i 收取固定价格 p_i。然后，直接求解最优价格。

命题 3.5：假设风险率 f（v）/ [1 - F（v）] 随着 v 的增加而增加。存在唯一均衡，在均衡点，每个卖方报出不变价格 p，满足：

（1）$p [f(v^*) / (1 - F(v^*))] = 1$

如果 $v \geq v^*$，买方购买产品，否则转向另一个卖方。节点 v^* 满足：

（2）$v^* - p = \delta E_v [\max \{v - p, v^* - p\}]$

证明：

假设卖方 i 选择价格 p_i，而其他卖方报出诱导连续估值 w 的价格分布。我们可以定义一个节点 v_i^*，在此点，买方从卖方 i 处购买和继续搜寻之间无差异，即，$v_i^* - p_i = \delta w$。于是，卖方 i 从每个买方获得的利润与下式成正比。

$$\Pi = p_i [1 - F(v_i^*)] = p_i [1 - F(\delta w + p_i)]$$

在 $v_i^* \in \{0, \bar{v}\}$ 的边界处，利润为负值，因此，最优节点 v_i^* 一定是 $0 \sim \bar{v}$ 的一个取值。然后，微分得到一阶必要条件 $p_i f(\delta w + p_i) - [1 - F(\delta w + p_i)] = 0$，这是充分的，因为目标函数是对数凹性的。由于 $f(\cdot)$ 是风险递增的，这个方程有唯一解。这意味着，任意均衡是对称的，对于所有的 i，$p_i = p$。在这样的对称平衡中，依据需要一阶条件产生命题 3.5 中的式（1）。平衡节点值自身满足 $\delta w = v^* - p$，或命题 3.5 中的式（2）。平衡是唯一的：p 的提高使得截点值增加，并且，由于 $f(\cdot)$ 具有递增风险率，命题 3.5 中的式（1）的左侧风险率提高了。

由顺序搜寻产生的竞争使科斯猜想失败，卖方们设定一个不变价格；在均衡点，所有卖方都选择相同的价格。命题 3.5 中的式（1）表明，当卖方 i 将其价格降低 ϵ 时，从当前所有买方（度量 1）处，卖方损失了 ϵ，但从所有访问卖方（度量 $1 / (1 - F(v^*))$）的边际买方（度量 $f(v)$）处获得销售量。

δ 增加会加剧卖方之间的竞争，促使价格 p 下降。观察式（2）意味着，$v^*(P; \delta)$ 随 $(P; \delta)$ 逐点增加。因此，δ 增加意味着，为满足等命题 3.5 中的式（1），价格 P 必须下降。在极限情况下，当 $\delta \to 1$，得到完全竞争：在 $P \geq 0$ 上一致的 v^* 收敛于 $v^*(p; \delta) \to \bar{v}$，这意味着，$f(v^*(P; \delta)) / (1 - F(v^*(P; \delta))) \to \infty$ 和均衡价格收敛到 0。从买方的视角，有限竞争与没有竞争相比降低了效用，然而买方仍然会从竞争中获利。

允许买方对不同卖方产品的估值存在相关性时，结果仍成立。假设买方是有限不公开的类型 $\theta \in \Theta$，其概率分布函数为 $g(\theta)$；以及在 $[0, \bar{v}]$ 上服从条件独立同分布 $v_i \sim f(\cdot \mid \theta)$ 的估值。随着时间的推移，较高估值类型买方倾向于更快离开市场；然而，如果卖方 i 的价格仅取决于在卖方 i 处的历史记录（这类似于卖方不知道买方访问顺序），那么，延伸命题 3.5 后，唯一的均衡价格取决于 $p \sum_{\theta \in \vartheta} \left[\dfrac{f(v^*(\theta)/\theta)}{1 - F(f(v^*(\theta)/\theta))} \right] g(\theta) = 1$，

类型 θ 的节点是由 $v^*(\theta) - p = \delta E_{v/\theta}[\max\{v-p, v^*(\theta)-p\}]$ 决定的。

由顺序搜寻产生的竞争使科斯猜想不再成立，卖方设定一个不变价格；在均衡点，所有卖方都选择相同的价格，并且存在的均衡是唯一的。

第三节 小 结

本章的两个主要部分，是后面两章实验的理论基础。

在第一部分中，双边不完全信息的讨价还价博弈存在唯一的纳什均衡。如果卖方认为买方是高估值类型，且卖方对这一判断的信念不足够高，则低成本的卖方在第一期报出低价。如果卖方认为买方是高估值类型，且卖方对这一判断的信念足够高，以及如果卖方关于买方是高估值类型，且卖方对这一判断的先验值足够低，则高估值的买方在第一期接受高价。如果所有条件都不成立，则均衡是混合策略。而在买方有外部选择的双边不完全信息的讨价还价博弈中，关于外部选择的信息是对称的。如果 $y_{hv}^* < p_1$，则高估值买方在 $t = 1$ 期执行外部选择，并遵循保留价格策略。如果 $y_{hv}^* \geq p_1$，且至少满足 $y_{hv}^* \leq p_h$ 和 $\pi_b^0 \leq \bar{\pi}_b$ 两个条件之一，在 $t = 1$ 期，低成本卖方和高估价买方同意低报价；如果这两个条件都不成立，那么，若 $\pi_s^0 \leq \bar{\pi}_s$，则低成本卖方和高估值买方同意高报价；否则，在纯策略中不存在均衡。由此得出简单而有用的结论，在买方有外部选择的讨价还价博弈的均衡路径上，如果关于外部选择的信息是对称的，那么，买方永远不会返回去讨价还价。

这两个讨价还价理论模型的结论，将会在第四章实验分析中用于对理论模型的预测，并将预测值与实验数据进行对比分析，观察搜寻是否有效率？将搜寻作为交易制度加入实验是否适合？

本章第二部分考察了经典的科斯猜想定价博弈。在这个博弈中，买方有外部选择，每一期都可以转向外部选择。外部选择导致低估值买方退出市场，而不是推迟消费，因而抵消了导致科斯猜想的负选择。这有一个明显的效果是，存在唯一均衡，即卖方在每一期收取垄断高价，买方要么立即购买，要么退出。这与经典科斯猜想的接近竞争低价的均衡相悖。此结论是对奥苏贝尔和德内克雷（Ausubel and Deneckere, 1987）以及戈尔（Gul, 1987）研究的补充，考虑了卖方之间直接的价格竞争。从传统的伯川德定价到利用伯川德惩罚来维持垄断高价，这些模型都存在多重均衡。与之不同的是，我们的模型存在唯一的均衡。一旦我们证明了卖方选择不变价格，尽管有一定比例的折旧，这个均衡类似于沃林斯基（Wolinsky, 1986）或安德森和雷诺（Anderson and Renault, 1999）的研究结果，这个定价结果大大简化了分析。因而，通过将单个卖方模型嵌入搜寻过程来内生化外部选择，导致的均衡结果简化了搜寻模型的定价，为传统出价假设而非讨价还价假设提供了研究基础。

第四章　交易制度选择的实验

　　本章研究的是市场交易制度选择的实验，探讨了是讨价还价还是搜寻更有效率？假设卖方主动出售给买方一直在寻找的某件产品，因为每个人都不确定他人对产品的估价，所以买卖双方进行讨价还价。若卖方没有其他潜在买方，买方可以退出谈判，可以寻找更好的替代产品，也可以随时返回卖方。外部选择和信息是讨价还价中的两个关键要素，本章在实验中研究了它们对讨价还价行为的影响。

第一节　文献回顾

　　有关讨价还价实验的大量文献，特别是行为偏离理论预测的文献，对人们的交易动机进行了深入研究。从居斯（Güth，1982）开始，许多最后通牒博弈实验表明，多数被试者更喜欢"公平"，即比极端预测更公平的结果。在评估谈判成果时，谈判者不仅关注自己的货币报酬，而且，宁愿放弃自己的部分利润以获得更公平的结果，或者惩罚伙伴的贪婪。改进的偏好模型认为，这些实验结果与标准理论预测不符。甘特纳（Gantner，2001）发现，当各种公平标准都适用时，在公平类型上被试者会有所不同。交替报价的讨价还价实验（Hoffmann and Spitzer，1982，1985）表明，当给参与人随机分配角色时，能够观察到"公平"的分配；但是，在博弈之初分配角色时，有分配权的参与人获得更多回报，不对称的报酬似乎更容易被接受。在不完全信息情况下，实验结果更倾向于竞争性谈判。在霍格特等（1978）的讨价还价实验中，所有达成的协议中大约只有 1/4 是平等分配，随后，被试者学会了拒绝低初始分配额。宾摩尔等（1989）在实验中引入固定外部选择后，结果显示，将结束交易作为威胁是可信的，而且，有外部选择的参与人的收益增加。当买方对外部选择估值较高但仍小于谈判价格时，可能会加剧矛盾。库恩（Kuon，1994）发现，在关于外部选择存在不完全信息的讨价还价实验中，买方以更高外部选择估值和越来越丰富的经验进行更具竞争性的讨价还价。有低估值外部选择的弱参与人，会伪装成强参与人。

在不完全信息情况下，当博弈规则表明存在非常强的收益不对称时，检测理论如何更好地预测交易收益分配给"正确"的参与人。换而言之，如果这些规则没有给社会偏好留下多少空间，那么，标准理论能否很好地预测谈判结果，或者是否有其他行为规则能够更好地解释所观察到的行为？

第二节　经济计量模型

本节的经济计量模型是一个混合模型，其中，每个被试者类型是从三种类型共同的先验分布中抽取的。这一部分计量模型将会在实验中用于对被试者决策的最大似然误差率的分析，评估我们的模型对实验数据的解释程度，计算有多少观测值，并与其所分配类型的行为精确对应，得出被试者行为与被试者所分配类型完全相同的比例。

在本节中，按照科斯塔·戈麦斯等（Costa Gomez et al.，2001）的经济计量模型，对参与人的决策进行最大似然误差率分析。本节的经济计量模型是一个混合模型，其中，每个参与人的类型是从以下三种类型共同的先验分布中抽取的。令 $i = 1$，…，n 标识被试者，令 $k = 1$，2，3 标识类型。这三种类型简要描述如下：

对于卖方而言，类型 1（预测）的 lc 卖方报价 p_h，在 $t = 2$ 期接受 p_l。类型 2（规避风险）的 lc 卖方即刻报价 p_l。这两种类型的 hc 卖方总是报

价 p_h。类型 3（调整）根据过去的经验做出最好的反应，下面将详细解释。对于买方而言，类型 1（预测）的 hv 买方接受所有报价。类型 2（风险偏好型）的 hv 买方接受 p_l，在 $t=1$ 期拒绝 p_h，在 $t=2$ 期接受所有报价。这两种类型的 lv 买方都接受 p_l 并拒绝 p_h。类型 3（调整）根据过去的经验做出最好的反应。

我们假设类型为 k 的被试者通常做出类型 k 决策，但在每个阶段都会出错。我们先描述类型 1 的行为、类型 2 的行为，他们不会随着参与的轮次而改变。设 A_t 为 t 期可用的一组行为。在每一期，类型 1、类型 2 以概率 $\varepsilon_k \in [0, 1]$ 犯错。在这种情况下，他们以概率 $\frac{1}{m_t}$ 选择其每一个 m_t 决策 $a_t \in A_t$。那么，$k=1, 2$ 的类型 k 决策的概率为 $1 - \frac{m_t - 1}{m_t}\varepsilon_k$，任何一个非类型 k 决策的概率为 $\frac{1}{m_t}\varepsilon_k$。在博弈的不同时期中，假设被试者误差是独立同分布的。然后，假定个体 i 作为 k 类型参与人（$k=1, 2$），成本为 c（对于卖方 $c \in \{hc, lc\}$，对于买方 $v \in \{hv, lv\}$），在 r 轮中观察策略（a_1, a_2）的概率如下：

$$
p_{c,r}^{i,k}(a_1, a_2) = \begin{cases}
\left(1 - \dfrac{m_1 - 1}{m_1}\varepsilon_k\right)\left(1 - \dfrac{m_2 - 1}{m_2}\varepsilon_k\right), \text{如果类型 k 在 } t=1 \text{ 期} \\
\qquad\qquad\qquad\qquad \text{和 } t=2 \text{ 期都正确决定;} \\
\left(1 - \dfrac{m_1 - 1}{m_1}\varepsilon_k\right)\dfrac{1}{m_2}\varepsilon_k, \text{如果类型 k 在 } t=1 \text{ 期且不在} \\
\qquad\qquad\qquad\qquad t=2 \text{ 期正确决定;} \\
\dfrac{1}{m_1}\varepsilon_k\left(1 - \dfrac{m_2 - 1}{m_2}\varepsilon_k\right), \text{如果类型 k 在 } t=2 \text{ 期且不在} \\
\qquad\qquad\qquad\qquad t=1 \text{ 期正确决定;} \\
\dfrac{1}{m_1}\varepsilon_k\dfrac{1}{m_2}\varepsilon_k, \text{如果类型 k 在 } t=1 \text{ 期和 } t=2 \text{ 期都没有} \\
\qquad\qquad\qquad\qquad \text{正确决定。}
\end{cases}
$$

$$(4-1)$$

请注意，如果一个被试者表现为类型 1 或类型 2，且至少涉及一个灵活参与人，则博弈必定在 $t=2$ 期结束。如果博弈已经在 $t=1$ 期结束，考虑个体 i 作为类型 k 参与人，观察第 r 轮行动 a_1 的概率如下：

$$p_{c,r}^{i,k}(a_1) = \begin{cases} 1 - \dfrac{m_1-1}{m_1}\varepsilon_k, & \text{如果类型 k 在 } k_t=1 \text{ 期决定；} \\[2ex] \dfrac{1}{m_1}\varepsilon_k, & \text{如果类型 k 没有在 } k_t=1 \text{ 期决定。} \end{cases} \qquad (4-2)$$

虽然在此全面描述了类型 1、类型 2 的行为，但类型 3 的行为更复杂。我们假设这种调整类型有一些先验的信念，可能与实验者给出的有偏差。参与人根据个人经验更新这些"自我"的信念，然后，选择最佳行动。为了模拟这种行为，我们选择不同的交易制度，通过精度参数整合可能的误差，而误差对报酬差异敏感。由于博弈中有无限时期，需要施加一个限制，以便有一个有限的策略空间。因为 95% 以上涉及灵活参与人的博弈都是在 $t=2$ 期结束的，所以我们认为，两个阶段的完备行为空间是一个足够大的子集，来描述不同类型的相关策略空间。成本为 c 的卖方可以在 $t=1$ 期报价 p_l 或报价 p_h，然后，买方在 $t=2$ 期选择接受、拒绝和退出，因此，有 6 种可能策略可用。估值为 v 的买方可以在 $t=1$ 期接受、放弃或拒绝卖方的报价，在拒绝的情况下，他在 $t=2$ 期对这 3 种行为再次选择，因此，在前两期有 10 种策略。在 20 轮的每一轮中，代理人都会利用过去的观察结果更新他们对于对手反应的信念。

在第 r 轮中，假定个体 i 是成本为 c 的类型 3 被试者，观察策略 (a_1^*, a_2^*) 的概率如下：

$$p_{c,r}^{i,3}(a_1^*, a_2^*) = \frac{e^{\lambda_1 E_{c,r}^i(a_1^*, a_2^*)}}{\sum_{a_1 \in A_1, a_2 \in A_2} e^{\lambda_1 E_{c,r}^i(a_1, a_2)}} \qquad (4-3)$$

在式（4-3）中，$\lambda_1 \in [0, \infty]$ 是一个精度参数，$E_{c,r}^i(a_1, a_2)$ 是以成本 c 为特征的参与人在 r 轮中的策略 (a_1, a_2) 的期望值。相应地，如果博弈在 $t=1$ 期之后结束，假设个体 i 表现为类型 3 被试者，则在 r 轮中观察行为 a_1 的概率如下：

$$p_{c,r}^{i,3}(a_1^*) = \frac{\sum_{a_2 \in A_2} e^{\lambda_1 E_{c,r}^i(a_1^*, a_2)}}{\sum_{a_1 \in A_1, a_2 \in A_2} e^{\lambda_1 E_{c,r}^i(a_1, a_2)}} \qquad (4-4)$$

现在，对于一个报价为 p_h 卖方角色的个体 i，我们以示例的形式详细描述所有可能的期望值 $E_{c,r}^i(a_1, a_2)$，所有其他情况的计算类似：

$$E_{c,r}^i(p_h, acc) = (p_h - c)\beta_r^i(acc/p_h) + 0.9 \cdot (p_1 - c)(1 - \beta_r^i(acc/p_h) - \beta_r^i(quit/p_h)) \qquad (4-5)$$

$$E_{c,r}^i(p_h, rej) = (p_h - c)\beta_r^i(acc/p_h) + \mu_{c,r}^i(p_h, rej)(1 - \beta_r^i(acc/p_h) - \beta_r^i(quit/p_h)) \qquad (4-6)$$

$$E_{c,r}^i(p_h, quit) = (p_h - c)\beta_r^i(acc/p_h) \qquad (4-7)$$

在式（4-5）、式（4-6）和式（4-7）中，当 t = 1、i 在 r 轮的报价为 p_h 时，$\beta_r^i(b_1/p_h)$ 表示买方 $b_1 \in \{acc, rej, quit\}$ 对个体 i 做出回应的主观概率，而 $\mu_{c,r}^i(p_h, rej)$ 表示卖方 i 在 r 轮的预期连续收益，来自在 t = 2 期的卖方拒绝买方的还价，假定初始报价是 p_h。令 $n_r^i(p_h)$ 表示卖方 i 分配到的轮次数量所达到的经验权重，包括先前报价 p_h 的 r - 1 轮，与其成本无关。每轮之后，$\beta_r^i(b_1/p_h)$ 更新如下：

$$\beta_r^i(b_1^*/p_h) = \begin{cases} \dfrac{n_{r-1}^i(p_h)\,\beta_{r-1}^i(b_1^*/p_h) + 1}{n_r^i(p_h)}, & \text{如果 i 在 r-1 期报价} \\ & p_h \text{ 且买方回应为 } b_1^*; \\[2ex] \dfrac{n_{r-1}^i(p_h)\beta_{r-1}^i(b_1^*/p_h)}{n_r^i(p_h)}, & \text{如果 i 在 r-1 期} \\ & \text{报价 } p_h \text{ 且买方回应为 } b_1 \neq b_1^*; \\[2ex] \beta_{r-1}^i(b_1^*/p_h), & \text{如果 i 在 r-1 期报价为 } p_1。 \end{cases}$$

$$(4-8)$$

经验权重 $n_{r-1}^i(P_h)$ 按以下方式：如果在 r - 1 轮中初始报价为 p_h，则为 $n_r^i(p_h) = n_{r-1}^i(p_h) + 1$，否则，为 $n_r^i(p_h) = n_{r-1}^i(p_h)$。设 $\mu_{c,r}^{i*}$ 为第 r - 1 轮中实现的连续收益，$n_{c,r-1}^i(p_h, rej)$ 表示经验权重，是成本为 c 的卖方 i 分配到的轮次数量，而且，包含了在 t = 2 期卖方先报价 p_h

时被拒绝的第 $r-1$ 轮。$n_{c,r}^{i}(p_h,\text{rej})$ 遵循与 $n_r^i(p_h)$ 类似的更新规则，但仅考虑成本为 c 卖方报价为 p_h 并在 $t=2$ 期拒绝的轮次。然后，r 轮的预期连续收益为：

$$\mu_{c,r}^{i}(p_h,\text{rej}) = \begin{cases} \dfrac{n_{c,r-1}^{i}(p_h,\text{rej})\,\mu_{c,r-1}^{i}(p_h,\text{rej}) + \mu_{c,r-1}^{i*}}{n_{c,r}^{i}(p_h,\text{rej})}, & \text{如果 i 在} \\ & r-1 \text{ 期的行为是 } (p_h,\text{rej}); \\ \mu_{c,r-1}^{i}(p_h,\text{rej}), & \text{否则。} \end{cases}$$

$$(4-9)$$

根据第 1 轮观察的所有结果，初始值 $\beta_0^i(b_1/p_h)$ 和 $\mu_{c,0}^i(p_h,\text{rej})$ 以简单平均法计算，是以前的经验反映。假设所有过程的经验权重 $n_0^i(p_h)$ 和 $n_{c,0}^i(p_h,\text{rej})$ 的初始值等于参数 n_0。参数 n_0 与数据中的所有其他参数一起估计。

下面定义全样本的对数似然估计。用 $r_1=[1,7]$，$r_2=[8,13]$，$r_3=[14,20]$ 表示 20 轮被分成的 3 组，用 $r=[1,20]$ 表示全部 20 轮的一组。令 $a(R)$ 是所有人在所有轮次中被观察到的所有行为的集合。令 $\gamma_k^{R_j}$ 表示被试者在 R_j 组 k 类型的先验概率 $\gamma^{R_j}=(\gamma_1^{R_j},\gamma_2^{R_j},\gamma_3^{R_j})$。全样本的对数似然估计为：

$$\ln L(\gamma,\lambda,\vartheta_1,\vartheta_2,n_0/a(R)) = \sum_{j=1}^{3}\sum_{i=1}^{N}\ln\left(\sum_{k=1}^{3}\gamma_k^{R_j}\prod_{r\in\{R_j\}}\right.$$

$$[p_{c,r}^{i,k}(a_1,a_2)]^{1-I(r)}\,[p_{c,r}^{i,k}(a_1)]^{I(r)} \qquad (4-10)$$

在式（4-10）中，$\gamma=(\gamma^{R_1},\gamma^{R_2},\gamma^{R_3})$，如果博弈在 $t=1$ 期结束，则 $I(r)=1$；否则，为 0。

此经济计量模型是一个混合模型，其中，每个被试者的类型是从三种类型共同的先验分布中抽取的。此计量模型将会在本章中，用于对被试者决策的最大似然误差率的分析，评估模型对实验数据的解释程度，计算有多少观测值与所分配类型的行为精确对应，得出被试者行为与其所分配的类型完全相同的观察值比例。

第三节 实验设计

一、实验基本流程

实验于 2015 年 1 月在浙江大学社会科学实验室进行，使用 Z-Tree 软件进行（Fischbacher，2007）。

在各个专业的本科生中，总共招募了 160 名参与人。每个被试者只参加一次实验。在 5 个场次中对三个实验局都进行了测试，每场次有 32 名被试者。每个场次包括 20 轮。当作为买方的角色或作为卖方的角色在每个场次中是固定时，被试者扮演不同的角色类型，即在每轮开始时随机决定在当前轮次中被试者是灵活类型还是不灵活类型。

博弈通过计算机匿名进行，并告知被试者他们的谈判伙伴在每一轮中都会发生变化，但他们有可能不止一次地面对同一个伙伴。被试者获得了买方和卖方两个角色的实验说明他们进行了两轮练习，以便熟悉博弈的基本规则和计算机界面。在博弈的每个阶段，计算机屏幕都会显示被试者所在时期、被试者的成本或估值、可用的选择（包括当前讨价还价或搜寻的报价）以及接受当前报价（有折旧的）时的利润。在实验局 goo 和实验局 boo 中，当博弈买方去搜寻时，会通知卖方。每轮结束时，被试者都会被告知在本轮中的利润。

每位被试者都会获得 15 元的出场费。此外，每场次实验结束时随机抽取两轮，被试者以 1∶1 的比率从两轮获得的利润中得到收益。平均收益是 43.3 元，每个场次最多持续 80 分钟。

二、实验局设置及理论预测

三个实验局（noo，goo，boo）被用来检验上述模型，对上述模型进行预测。每局的理论预测依赖于标准假设，即参与人只关心自己的货币回报，且为风险中性。

实验局中无外部选择 noo（no outside option），指的是博弈 I。卖方成本为 lc = 5 或 hc = 30 的概率相等。买方对产品的估值为 hv = 50 或 lv = 27 的概率相等。报价仅限于高报价 $p_h = 31$ 或低报价 $p_l = 26$。未来收益在讨价还价期间按 δ = 0.9 的系数贴现。当两个灵活类型参与人匹配时，理论预测根据命题 3.1 将高收益 26 分配给卖方：$\pi_b^0 = 0.50$ 超过由式（3－2）计算得出的临界值 $\overline{\pi}_b^0 = \dfrac{(p_l - lc)(1 - \delta)}{p_h - lc - \delta(p_l - lc)} = 0.30$，因此，在 t = 1 期灵活卖方 s 应隐藏其类型。同时，b 的信念 $\pi_s^0 = 0.50$ 低于临界值 $\overline{\pi}_s^0 = \dfrac{(hv - p_l)(1 - \delta)}{\delta(p_h - p_l)} = 0.58$（由式（3－4）计算），因此，灵活买方 b 应立即接受 p_h 值。在表 4－1 的相应列，总结了该局中所有可能配对参与人的理论预测。

在"好的外部选择"实验局 goo（good outside option）和"坏的外部选择"实验局 boo（bad outside option），被试者用不同质量的搜寻选择来参与讨价还价—搜寻博弈（博弈 II）。在搜寻中的出价是一个随机离散的均匀分布 $\{0, 0.1, 0.2, \cdots, \overline{y} - 0.1, \overline{y}\}$。在实验局 goo 中，我们令 $\overline{y} = 40$，而在实验局 boo 中令 $\overline{y} = 80$，因而实验局 boo 的外部选择更差。讨价还价过程的所有参数与实验局 noo 的相同。两种类型 b 的保留价格可从式（3－5）中计算得出。在实验局 goo 中，我们有 $y_{hv}^* = 23.7$ 和 $y_{lv}^* = 12.9$，因此，根据命题 3.2，买方选择去搜寻，所有博弈应在搜寻阶段结束，因为保留价格低于 p_l；表 4－1 列出了在此实验局中所有可能匹配的预测。请注意，从搜寻中得到的回报是预期的。对于实验局 boo，保留价格为有 $y_{hv}^* = 27.4$ 和 $y_{lv}^* = 16.9$。由于 $p_l < y_{hv}^* < p_h$，命题 3.2 预测低成本卖方 s 揭示了其在 t = 1 期的类型。如果卖方出价 p_l 则高估值 b 接受，如果卖方出价 p_h 则买方搜寻。因为 $y_{lv}^* < p_l$，所以低估值 b 总是搜寻。表 4－1 的最后一列，列出了该实验局中所有可能匹配的预测。

表 4 – 1 所有实验局的理论预测

配 对	参与人	实验局 noo	实验局 goo	实验局 boo
lc-hv	结果	在 t = 1 期以价格 p_h 达成协议	搜寻 y≤23.7	在 t = 1 期以价格 p_l 达成协议
	s	26	0	21
	b	19	26.3	24
lc-lv	结果	在 t = 2 期以价格 p_l 达成协议	搜寻 y≤12.9	搜寻 y≤16.9
	s	17.1	0	0
	b	0.9	14.1	10.1
hc-hv	结果	在 t = 1 期以价格 p_h 达成协议	搜寻 y≤23.7	搜寻 y≤27.4
	s	1	0	0
	b	19	26.3	22.6
hc-lv	结果	不能达成协议（退出）	搜寻 y≤12.9	搜寻 y≤16.9
	s	0	0	0
	b	0	14.1	10.1

资料来源：笔者根据理论模型及假设推导计算而得。

第四节　实验结果

一、无外部选择的描述性统计

图 4 – 1 显示了实验局 noo 达成协议的分布和未达成协议的分布。在 lc-hv 配对中，达成协议可得 45 总收益。发现 lc-lv 组的达成协议率为 86%，hc-hv 组的达成协议率为 83%。这些配对最大总收益为 20，将利润 1 单元分配给 hc 卖方。这些实验结果与这三种配对类型的理论预测是一致的（见表 4 – 1），表明这三种配对达成协议的比例之间有显著差异（χ^2，pr < 0.005）。如果只比较总收益大小相近的 lc-lv 与 hc-hv 配对，达成协议的比例没有显著差异。因此得到结论，与理论预测相反，是否达成协议与讨价还价收益相关。最后，我们发现，在所有配对中的两个不灵活类型（hc-lv）匹配只有 3% 的达成协议，即 hc 卖方和 lv 买方之间进行互利交易是不可能的。这与比率为零的预测没有显著差异。

当两个灵活参与人（lc-hv）匹配时，标准理论预测到：在第 1 期卖方 s 获得收益 $S_s = 26$，买方 b 则得到收益 $S_b = 19$（见表 4 – 1）。图 4 – 2 显示了观察到的所有配对类型的收益分配。在 lc-hv 配对中，我们发现 56%"错误的"买方 b 获得的高收益。这当然不支持收益分配的理论预测。威尔科克森（Wilcoxon）配对符号秩检验不能拒绝零假设，即 b 和 s 在 lc-hv 配对中获得相同的利润（卖方 s 的平均利润为 21. 76，买方 b 的平均利润为 22. 51）。双侧符号测试在 10% 的水平上拒绝均值相等的零假设。

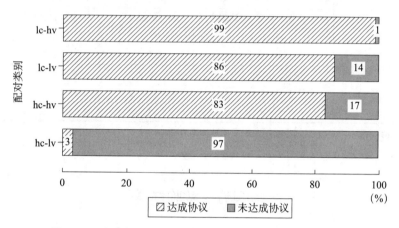

图 4 – 1　实验局 noo 中交易双方达成和未达成一致的情况

资料来源：笔者根据实验数据计算而得。

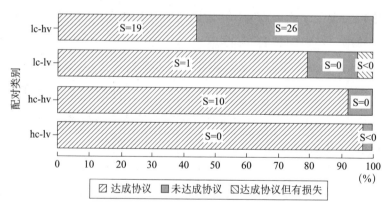

图 4 – 2　实验局 noo 中买方的收益

资料来源：笔者根据实验数据计算而得。

对于灵活类型与不灵活类型的配对（hc-hv 和 lc-lv），预测结果是把收益 S = 19 分配给灵活参与人、将收益 S = 1 分配给不灵活参与人。仅在没有参与人蒙受损失时才达成一致。在这两种配对类型中，剩余分配的实验结果与理论预测都在 80% 左右达成一致。然而，即使所有参与人都可以通过达成协议获得正的利润，但是，发现在 hc-hv 和 lc-lv 配对中都有约 10% 失败了（S = 0）。在 hc-lv 和 lc-lv 配对组中，还有少于 5% 的买方会有损失（S < 0），而在 hc-hv 配对中没有发现任何损失。

对于更具优势的参与人 lc 和 hv 来说，在更早达成协议和隐藏信息之间存在着权衡。图 4 − 3 表明，达成协议的比例、时期和收益分配与理论预测是一致的。在 lc-hv 配对中，有优势的 lc 卖方 s 获得收益的 87%，博弈在第 1 期结束，与预测的相同，就理论预测的准确性而言，这似乎令人信服。对于 lc-lv 的配对，图 4 − 3 显示，在 t = 2 期只有约 48% 与预期一样达成协议，而在 t = 1 期中约 41% 已经达成了协议，这意味着，卖方立即报出低价。对于 hc-hv 配对，正如所预测的，在 t = 1 期，84% 达成了协议，这意味着，买方立即接受了高价。

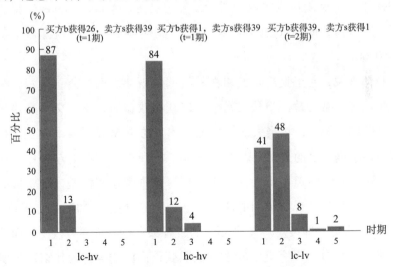

图 4 − 3　实验局 noo 的预期分配及交易时期

注："买方 s 获得 26"表示买方 s 获得了 26 个单位的收益，在实验中用实验币表示，一般无单位。

资料来源：笔者根据实验数据计算而得。

　　表 4 - 2 显示了前两个时期内达成协议的比例。在买卖双方都有选择优势的 lc-hv 配对组，87% 达成的协议发生在第一阶段，所有配对组到第二阶段都已基本达成协议。对于 hc-hv 配对组，发现 84% 的达成协议发生在第一阶段。在 lc-lv 配对组，在 t = 1 期中，理论预测没有达成协议，但在实验中协议率为 41%。总体来看，配对组的这三个大多数协议是在前两期达成的，与收益分配无关。就 lv-hc 配对组而言，关于其未达成协议的预测不是很强，因为参与人应该仅在现期零收益和后期零收益之间进行选择。

表 4 - 2　　　　　　　　　　　　实验局 noo 中达成协议的时期

配　对	lc-hv	hc-hv	lc-lv
达成协议数	120	120	109
t = 1	105 (0.87)	99 (0.84)	52 (0.41)
t ≤ 2	120 (1.00)	118 (0.96)	99 (0.89)

　　资料来源：笔者根据实验数据计算而得。

　　事实上，在第 3 期之后，仍有相当多的被试者在讨价还价，从而给谈判伙伴一个反复达成协议的机会。曼惠特尼（Mann-Whitney）检验证实了一个假设，即 hc-lv 配对组的交易时间明显比所有其他配对组都长（$pr < 0.001$）。

　　总体来说，对于收益分配和交易时期的观察表明两点：第一，被试者似乎已经非常清楚，当从交易中可以获得收益时，延迟交易是要付出高昂代价的。第二，相当大比例的低成本卖方并没有因为试图获得预期高收益而隐瞒自己的类型。表 4 - 3 显示，在所有低成本卖方 lc 中，在第 1 期，只有 57% 的卖方要价 p_h。为了更好地理解这些偏差，需要检验的是，买方的行为是否如预期的那样。下表 4 - 3 显示，如果卖方报价 p_h，74% 的 hv 买方立即接受。大约 35% 的所有买方以高价期望接受，而预测值是 50%。为什么没有更多的卖方试图获得高收益呢？为什么不是所有的高估值 hv 买方都接受高报价 p_h？这个实验的设计并没有为社会偏好留下太多空间，因为社会偏好回报的不对称性很强，此实验更鼓励利己行为。避免不对称结果的唯一方法就是退出，因为当两个灵活的参与人配对时，对于对称回报的偏好是高成本的。在 lc-hv 配对组，协议几乎都达成了，由此可得，当放弃的利润相对较高时，被试者会选择避免不对称回报。当有优势类型的参与人和无优势类型的参与人配对时，未达成协议意味着无优势的参与人最多放弃 1 单位的利润，而对手放弃的利润是 19 单位。此时，由于处于弱势地位的参与人希望惩罚对手的贪婪，而导致协议无法达成，只观察到存在 14% 的双方协议未达成，因此没有强有力的证据表明预测有偏差。

表 4 - 3 实验局 noo 的初始出价

类 型	卖方 lc 出价	卖方 hc 出价	买方 lv			买方 hv		
			接受	拒绝	退出	接受	拒绝	退出
高价	0.57	0.97	0.74	0.26	0	0	0.82	0.18
低价	0.43	0.03	1.0	0	0	0.79	0.17	0.04

资料来源：笔者根据实验数据计算而得。

假设数据与利润最大化和风险中性的预测存在显著偏差，我们将检查选择行为假设能否更好地解释观察到的行为。在实验局 noo 中，对 lc 卖方从报价 p_h 和报价 p_l 中所获得的预期收益进行计算，发现初始报价为 p_h 时的平均利润是 13.9，初始报价为 p_l 时的平均利润是 14.5，而标准差分别为 6.1 和 2.7。事实证明，当不同报价的预期利润相同时，与低报价 p_l 相比，高报价 p_h 的风险更大。此外，在实验局 noo 中，允许买方参与人退出博弈，使讨价还价博弈更接近于最后通牒博弈实验。韦格和茨维克（Weg and Zwick，1994）的实验表明，当优势买方对外部选择的估值为零，外部选择是理论上的无效威胁，但仍会致使其对当前产品的需求显著减少。因此，风险存在两个来源：延迟风险和无协议风险，两者都是有成本的。因此，卖方行为与预测的偏差，可归因于高价格策略导致风险增加。但这种解释并不完全符合搜寻实验局中观察到的行为。如果风险规避是对所预测的不同行为的唯一解释，我们当然期望，在实验局 goo 和实验局 boo 中，低成本卖方 lc 立即显示其类型，因为外部选择给予买方更多的讨价还价能力。然而，正如下面将要显示的，许多卖方 lc 报

价 p_h，因此，关键可能是报初始价格时，其期望值的大小。

　　卖方可能仅凭经验知晓其战略优势，其行为也许会向理论预测收敛。表 4-4 显示了与此相关的动态，展示了实验局 noo 中 20 轮实验的参与人行为。将 20 轮实验分为 3 组，包括第一组的 1~7 轮、第二组的 8~13 轮和第三组的 14~20 轮。在第一组中，71% 的卖方 lc 报价为 p_h，而在最后一组中比例显著降低到 48%（χ^2 检验，$pr < 0.05$）。如果被试者的行为收敛于理论预测值，那么，变动方向与预期相反。由此提出，针对买方初始行为，卖方行为是否进行相应调整？如果预计有足够数量的买方会拒绝 p_h，那么，卖方 lc 最好立即报价 p_l。从表 4-4 中可以看出，买方 hv 对 p_h 的拒绝率先上升，然后大幅下降。如何解释这种行为？

表 4-4　　　　　　　　　实验局 noo 的灵活参与人行为

项目	第一组	第二组	第三组	总　计
卖方 lc 出价 p_h	66/93（0.71）	47/80（0.59）	36/75（0.48）	149/248（0.60）
买方 hv 拒绝 p_h	15/78（0.19）	31/76（0.41）	10/65（0.16）	56/219（0.26）
卖方 s 在 t=2 期接受 p_l	36/92（0.39）	12/83（0.14）	13/62（0.21）	67/237（0.25）

　　资料来源：笔者根据实验数据计算而得。

　　为了回答这个问题，还需要考虑个人层面的策略，我们发现，25% 的卖方 lc 在 t=1 期总是报价 p_h，而作为卖方 lc 的 12% 在所有轮次中从不报出价 p_h。因而约有 37% 的卖方坚持最初选择的策略，约 63% 的卖方在成本较低的情况下，随后改变了其初始报价，从而导致了表 4-4 所示的变化。随着时间的推移，这种行为变化指向一个调整过程。我们从卡默勒和韦格尔特（Camerer and Weigelt, 1988）的声誉实验中得出，有些参与人可能有"自我信念"，也就是说，即使没有被诱导，被试者也有可能表现得像其他类型。严格地说，这里的"自我信念"仅指对下一步对手行为的判断，然而，在 t=2 期所有轮次中 95% 以上交易结束，这是被试者关于每个轮次结果信念的一个很好的描述。假设信念是按照个人经验更新的，如果卖方 lc 认为，除了所有买方 lv 之外 36% 的买方 hv 也拒绝 p_h，那么，最好的反应就是立即报价 p_l。在第二组中，发现 41% 的买方

hv 拒绝 p_h，这足以使 p_l 成为最优的初始报价。因此，更多卖方 lc 将更新先前经验，在下一轮中报价 p_l。最后一组的反应是相同的，卖方 lc 报价 p_h 比第一组更少。

但是，为什么在第二组中买方 hv 会提高对高报价 p_h 的拒绝率呢？考虑在未来几轮中买方将从拒绝 p_h 中会学到什么，见表 4－4 第四行所示：高报价 p_h 卖方在 t＝1 期被拒绝，在 t＝2 期 39% 的买方接受低报价 p_l。这对买卖双方都是一个教训：买方在拒绝 p_h 时得到肯定，因此，更多的买方 hv 将在第二组拒绝 p_h，更多的卖方 lc 在预期拒绝时降低其最初的高报价。然而，这一过程并没有持续下去，因为在中间组，更少的卖方（14%）在 t＝2 期接受低价（χ^2，pr < 0.01）。这将向买方 hv 表明，拒绝 p_h 的收益较小。因此，在第三组拒绝率下降到 16%，所有卖方中有类似比例的卖方愿意在 t＝2 期更改其初始报价。这一调整过程在计量经济学模型中正式化，并将在本节的计量分析中对被试者的不同行为类型进行定义和检验。

二、有外部选择的描述性统计

在实验局 goo 和实验局 boo 中，为买方引入外部选择，使其有权搜寻更优交易。回想一下，理论预测在实验局 goo 中买方选择搜寻，所有博弈都在搜寻阶段结束（见表 4－1）。在实验局 boo 中，理论预测 lc-hv 配对组就低价 p_l 达成一致，而对于除 lc-hv 配对组之外的配对组来说，买方选择搜寻，博弈应该在搜寻阶段结束。

图 4－4 显示了两种实验局中不同配对组在讨价还价阶段结束的轮次所占比例。唯一与预测相符合的结果是，在实验局 boo 中，买卖双方都具有优势的 lc-hv 配对组达成协议的比例高达 98%，而在 goo 实验局和 boo 实验局中，双方都处于劣势的 hc-lv 配对组达成协议的比例分别低至 3% 和 7%。对于 lc-hv 之外的其他配对组，如果预测到买方搜寻，则双方可以通过讨价还价达成协议。但是，尽管搜寻率总体上低于预期，图 4－4 显示了外部选择的货币激励确实很重要。外部选择质量越好，买方选择

搜寻并且在搜寻阶段结束博弈的比例就越高。实验局 goo 的结果显示，在 lc-hv 配对组博弈中，买方搜寻的激励最小，只有 31% 的博弈结束于搜寻阶段。在讨价还价中，与卖方 lc 配对的买方 lv 最多可以得到 1 单位收益，但是，在搜寻中，预测值为 14.1 单位（见表 4－1）。在 hc-hv 配对组博弈中，观察到 69% 的博弈在搜寻阶段结束，搜寻对于买方更具吸引力。此时，87% 的买方接受了外部报价。而在 hc-lv 配对组中，只有 3% 的双方达成协议，而 97% 的买方选择搜寻，不期望从讨价还价中得到任何收益。实验局 boo 的结果是相似的，但对于每种类型的配对组，通过讨价还价达成协议的比例明显高于实验局 goo（χ^2，pr < 0.001）。

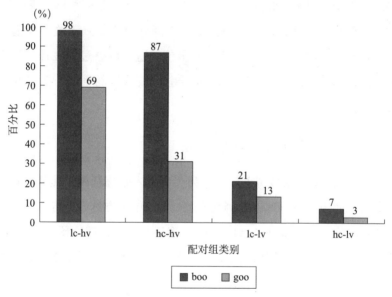

图 4－4　有外部选择：讨价还价阶段达成协议的比例

资料来源：笔者根据实验数据计算而得。

图 4－5 从买方 b 视角更详细地显示了有外部选择的实验局 goo 和实验局 boo 的讨价还价收益分配，假设买方没有选择搜寻，博弈在讨价还价阶段结束。在实验局 goo 中，与卖方 lc 达成协议的 89% 买方 hv 获得了高收益，因此，拒绝了去搜寻其他收益较多的外部选择。在实验局 boo 中，19% 的买方 hv 没有执行外部选择甚至接受了来自卖方 lc 的低收益。在

hc-hv 配对组中，s 只能报价 p_h 或无损失退出，在实验局 goo 中超过 70% 未执行外部选择的买方 hv 和在实验局 boo 中超过 85% 的买方接受 p_h。这对应于实验局 goo 中 31% 的买方 hv 接受 p_h，因此，相对于预期收益 26.3（见表 4-1），更倾向于确定收益 19；而在实验局 boo 中，超过 87% 的买方与预期搜寻收益 22.6（见表 4-1）相比，更倾向于确定收益 19。

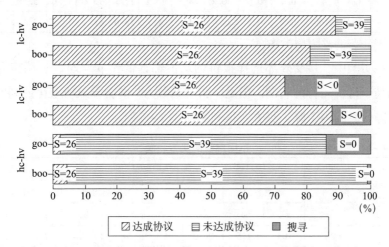

图 4-5　实验局 goo 和实验局 boo 的买方从讨价还价中获得的收益

资料来源：笔者根据实验数据计算而得。

表 4-5 显示了实验局 goo 和实验局 boo 买方 hv 和买方 lv 接受外部选择报价及预测均值的情况，预测均值是由最优保留价格得出的。例如，按照最优停止规则，在实验局 goo 中，如果买方 hv 接受 23.7 或更低价格，那么，可以预测所有被接受的外部报价的均值为 15.2，因为所有搜寻报价的可能性都相同。实际上，在实验局 goo 中，观察到的均值为 15.8；而在实验局 boo 中，当预测均值为 17.1 时，对应的观测均值为 17.6。但是，对于买方 lv，接受外部选择报价的均值与预测均值并不接近。在实验局 goo 中，当预测均值为 8.5 时，观测均值为 11.3；在实验局 boo 中，当预测均值为 10.6 时，观测均值为 14.2。因此，买方 hv 和买方 lv 之间接受的外部报价均值存在显著差异（实验局 goo 的 mwu 检验：pr < 0.001，实验局 boo 的 mwu 检验：pr < 0.09），而实验局之间的差异检验，仅对买方 lv 有

显著性（mwu 检验：pr < 0.003）。

表 4 - 5   买方 hv 和买方 lv 接受外部选择报价

类　型	接受外部选择报价											
	观察数		最小值		最大值		预测均值		观测均值		标准差	
	goo	boo	goo	boo	goo	boo	goo	boo	goo	boo	goo	boo
买方 hv	124	43	0.4	0.6	30.2	28.7	15.2	17.1	15.8	17.6	5.3	6.7
买方 lv	238	189	0.5	0.3	23.4	54.6	8.5	10.6	11.3	14.2	4.4	6.5

资料来源：笔者根据实验数据计算而得。

    在实验中，接受外部选择报价的均值都远低于 $p_1 = 24$，表明搜寻的利润高于讨价还价的利润。但是，折现系数为 0.9 会导致所获得的利润现值在随后时间内下降，买方所得利润如表 4 - 6 所示。

表 4 - 6   不同类型的买方利润

博弈结束阶段	配对组	利润							
		观测数量		预测均值		观测均值		标准差	
		goo	boo	goo	boo	goo	boo	goo	boo
讨价还价	lc-hv	103	115	26.0	26.0	24.9	25.4	2.1	2.7
	hc-hv	62	106	39.0	39.0	16.7	20.1	5.2	3.4
	lc-lv	31	37	4.0	4.0	− 0.2	0.9	1.8	1.6
	hc-lv	18	25	—	—	− 0.8	0.1	2.7	1.4
搜寻	所有买方 hv	124	43	27.1	23.3	25.6	19.7	4.9	6.7
	所有买方 lv	238	189	12.2	14.3	12.8	10.3	4.8	3.9

资料来源：笔者根据实验数据计算而得。

    在实验局 goo 中，买方 hv 在行为理论上都相同，预测都会进行搜寻，因为其讨价还价的平均利润为 26，低于搜寻平均利润 27.1（两样本的威尔科克森（Wilcoxon）秩和检验，pr < 0.001）。然而，如果考虑对比从搜寻与讨价还价中获得的利润，在 lc-hv 配对组中没有明显差别（25.6 与 24.9），而在 hc-hv 配对组中明显要高（25.6 与 16.7，pr < 0.000，mwu）。但是，买方 lv 的讨价还价利润明显低于搜寻利润，因为从讨价还价中获得的最多利润为 4.0，并且，假定个体理性，因而搜寻定会产生更高的利润。

在实验局 boo 中，买方 hv 的理论预测结果取决于与谁配对。买方 hv 应该会与卖方 lc 达成协议，观察到大多数买方 hv 确实如此，但在预测价格 $p_1 = 24$ 上并不总是如此。如表 4-6 所示，当预测均值为 26.0 时，讨价还价的平均利润为 25.4。就预测利润而言，由于搜寻利润高于讨价还价利润，预测与卖方 hc 配对的买方 hv 会执行外部选择，但数据显示买方搜寻仅占不到 1/4。平均来说，从讨价还价中接受 p_1 并不比在搜寻中更差。搜寻的平均利润为 19.7，低于讨价还价的 20.1，也低于搜寻的预期利润 23.3。即使实验中此类型的观测数量较少，我们仍可看出，在实验局 boo 中的次优策略是搜寻策略。

尽管我们的实验设计没留多少揭示社会偏好的空间，但是，被试者可以通过选择讨价还价而非搜寻、选择与实验局 noo 相比小得多的投入成本来避免极端不对称的结果。然而，这似乎并未对大量达成的协议给出令人信服的解释。在实验局 goo 中，48% 的买方 hv 选择搜寻，揭示出被试者几乎不关心谈判伙伴是否获得零回报。在实验局 boo 中，当外部选择更差时，执行外部选择的买方比例下降到 11.8%。这两个实验局的对比表明，被观察的被试者非常看重决策问题中的机会成本，因而公平结果似乎并非决策的决定性因素。在实验中观察买方 lv 的行为，发现实验局 goo 中 89% 的 lc-lv 配对组和实验局 boo 中 74% lc-lv 的配对组存在分歧。也就是说，绝大多数买方 lv 倾向于执行外部选择，即使这意味着其谈判伙伴获得的收益为零。这在卖方 s 报价 p_1 并因此而显示出其类型时尤其显著。买方 b 知道与卖方 s 达成协议是可能的，买方 b 仍决定执行外部选择而放弃 19 单位的利润。在实验局 goo 中，121 对 lc-lv 配对组中，79 个低成本卖方报价 p_1，70 个买方选择搜寻。

为了对讨价还价结果寻找一个合理的解释，而不仅是为了进行预测，再次运用在实验局 noo 中已描述的思想：被试者关于对方的行为有"自我信念"（homemade belief）。为此，需考虑买方对卖方报价的反应，看买方反应是否与卖方报价相对应。现在，在 20 轮次的实验中，观察被试者的行为。在实验局 boo 中，47% 的卖方在每一轮报价都为 p_1，实验数据显示出与预测相同的结果；而在实验局 goo 中只有 27% 的被试者这样做。同时也发现，卖方报价 $\bar{p}_h$ 更多地出现在实验局 boo 中，而非实验局 goo 中。这不仅与预测相矛盾，而且，与卖方的风险规避相矛盾，因为 p_l 增加了在实验局 boo 中达成协议的机会。接着，考虑买方对 p_h 的反应，在实验局 boo 中，66% 的买方 hv 接受 p_h，这相当于约 34% 的买方拒绝 p_h。这与临界值 $\bar{\pi}_b = 0.30$ 非常相近，在这个临界值下，卖方选择高报价 p_h 或低报价 p_l 的可能性无差异。因此，在成本较低的情况下，卖方没有真实激励将初始报价由高报价 p_h 改为低报价 p_l。事实上，他们的初始报价并没有随着时间的推移而显著变化（泊松（Pearson）χ^2：$pr = 0.3$）。换而言之，除了约一半的卖方 lc 根据预测一直报价 p_l，尽管买方有外部选择，近 60% 的卖方 lc 有时还是会隐瞒自己的类型。超过 2/3 的买方 hv 接受 p_h，这证实了卖方对行为的自我信念是完全正确的。

在实验局 goo 中，买方 hv 学会搜寻。在 $t = 1$ 期，买方 hv 搜寻率从第一组的 42% 上升到第三组的 71%。对 p_h 的接受率从 29% 下降到 18%。考虑到买方的调整，特别是较高的搜寻率，卖方 lc 几乎没有回应，因为他们无法以有意义的方式进行调整。在本节的计量分析中，将对实验局 goo 和实验局 boo 用不同行为类型来检验模型。

大多数讨价还价协议博弈在达成一致过程中都非常省时。超过 90% 的协议是在第一期达成的，这不取决于经验；观察到大约一半的协议发生在第 10 ~ 20 轮。浅显的问题是，是否正如理论模型所预测的、有风险条件下搜寻的平均结果会更好？

买方搜寻行为比接受外部随机报价更有效。接受外部选择的平均利润与所有抽取外部选择的平均利润相比，有显著差异（这两类买方和两个实验局的 $pr < 0.001$）。在实验局 goo 中，所有买方搜寻利润和实验局 boo 中所有买方 lv 搜寻利润，都与预期搜寻利润相当接近。因此，即使搜寻行为不是最优，但至少在回报效率方面是相当成功的。此结果不因参与人经验的变化而变化，与实验局 boo 的搜寻实验结果一致。

至于搜寻时间的长短，在实验局 goo 中，搜寻超过 2 期的买方 hv 只有 1/10，但买方 lv 大约占比为 1/4。就买方搜寻时长的中位数而言，买方 hv 小于买方 lv（秩和检验（Kruskal-Wallis），pr < 0.01）。这一结果与买方 lv 有较低最优保留价格的结果一致，如果假设买方 hv 和买方 lv 具有相似的风险态度。在实验局 boo 中，约一半的买方 hv 和买方 lv 搜寻都超过两期，并且约 90% 的买方 hv 和买方 lv 都在第 3 期基本结束搜寻。在此实验局中，买方 hv 与买方 lv 搜寻时长的中位数没有显著差异。

现在，检验搜寻行为与最优停止规则的一致程度。表 4 – 7 描述了违反此规则的 $p \leq p^*$ 和 $p > p^*$ 两个可能方向。

表 4 –7 违反最优停止规则

类 型	$p > p^*$						$p \leq p^*$					
	观察数		接受		在博弈中		观察数		拒绝		在博弈中	
	goo	boo	goo	boo	goo	boo	goo	boo	goo	boo	goo	boo
买方 hv	69	75	0.29	0.06	28/69	—	120	55	0.10	0.41	21/105	20/37
买方 lv	301	510	0.21	0.11	74/301	—	208	166	0.16	0.16	25/173	25/137

资料来源：笔者根据实验数据计算而得。

请注意，对于 $p \leq p^*$，被试者可能会在同一博弈中反复违反最优停止规则，这可能导致大量拒绝低于 p^* 的价格，因此，还要观察此类违规行为的博弈数量。在实验局 goo 中，发现买方 hv 和买方 lv 有相同行为：本应拒绝却接受报价的博弈比本应接受却拒绝报价的博弈多（泊松（Pearson）χ^2，pr = 0）。这与之前实验中发现的"搜寻太少"结果一致，并且，将风险规避作为其可能的解释。在实验局 boo 中，发现买方 lv 在拒绝 $p \leq p^*$ 和接受 $p > p^*$ 违反行为上无差异，而买方 hv 似乎拒绝 $p \leq p^*$ 超过接受 $p > p^*$（泊松（Pearson）χ^2，pr < 0.05）。这些违反行为与过多搜寻是一致的，也就是说，取决于被试者具有风险偏好的态度。然而，在所有 23 个拒绝 $p \leq p^*$ 的例子中，16 次被 2 个参与者在同一实验局博弈中重复拒绝。违反行为都集中在实验中间的第 6 轮次、第 8 轮次、第 13 轮次，这表明，违反行为是非持续模式。此外，无论是接受 $p > p^*$（泊松（Pearson）χ^2，pr = 0.17；费雪精确检验（Fisher exact），pr = 0.18），还

是拒绝 $p \leqslant p^*$（泊松（Pearson）χ^2，pr = 0.16；费雪精确检验（Fisher exact），pr = 0.22），买方 hv 与买方 lv 的行为都没有显著差异。因此，在这个实验中，过多的搜寻并不是一个持久模式。这些结果也支持索尼曼（Sonnemans，1998）的假设：如果被试者较少地遵循搜寻的停止规则，则可以获得相当好的结果；而如果被试者较多地遵循搜寻的停止规则，则只能获得较差的结果。但是，被试者遵循的较多搜寻停止规则更有可能向越来越少的方向修正，所以，就平均水平而言，被试者搜寻得太少。

为了识别搜寻行为的驱动因素是风险规避而不是满足感，我们检验了被试者在搜寻过程中是否倾向于接受第一个超过在谈判时所拒绝的最高报价，并对贴现因子进行调整。假定某个特定的外部选择被接受，当卖方报价低于谈判被拒绝的第一个报价时，交易数量明显提高了（t_2：pr = 0.000，t_3：pr = 0.024）。这是搜寻过程中的风险规避，而不是为了达到一定的利润水平而获得满足的行为。

总体来说，实验结果证实了买方搜寻非常有效。大量观察到的搜寻效果表明，尽管情况不确定并且相对复杂，但被试者仍然能够做出非常好的决定。

对于这两个实验局，理论预测是，买方离开卖方之后将永远不会回去讨价还价，即在均衡状态下，有返回选择权的博弈和没有返回选择权的博弈是相同的。在实验局 goo 中，全部博弈中只有 9 场博弈选择返回谈判，这在三组博弈中都有。在实验局 boo 中，观察到了更多的返回谈判，但呈单调下降趋势：在第 1 组有 17% 的轮次，第 2 组有 11% 的轮次，而第 3 组仅不足 2% 的轮次。因此，当参与人更有经验时，这种返回谈判的低效率行为就消失了，这与理论预测一致。

三、无外部选择的经济计量分析

本节按照科斯塔·戈麦斯等（Costa-Gomez et al.，2001）的经济计量模型，对被试者决策进行最大似然误差率分析。我们的经济计量模型

（见本书第四章第二节）是一个混合模型，其中，每个被试者的类型是从以下三种类型共同的先验分布中抽取的。令 $i = 1, \cdots, n$ 标识被试者，令 $k = 1, 2, 3$ 标识类型。从卖方角度和买方角度，分别对这三种类型简要描述如下：

对于买方而言，预测类型 1 的高估值买方 hv 接受所有报价。风险偏好类型 2 的买方 hv 在 $t = 1$ 期接受 p_l、拒绝 p_h，在 $t = 2$ 期接受所有报价。这两种类型的买方 lv 都接受 p_l、拒绝 p_h。调整类型 3 依据过去经验做出最优反应，下面将详细解释。

对于卖方而言，预测类型 1 的低成本卖方 lc 报高价 p_h，在 $t = 2$ 期接受 p_l。规避风险类型 2 的卖方 lc 直接报价 p_l。在这两种类型中，卖方 hc 总是报价 p_h。调整类型 3 依据过去的经验做出最好的反应。

计算三组中买方类型的概率 γ^k，$k = 1, 2, 3$（见表 4−8），发现买方调整类型 3 解释了第一组中 76.3% 的买方行为，而在最后一组中，约 25% 的买方由调整类型 3 转向了预测类型 1。[①] 仔细观察买方调整类型 3 的最佳反应表明，在最后一组中，接受报价是大多数买方的最佳反应，因而，对调整类型 3 和预测类型 1 明确归类是不可能的。与风险偏好行为一致的规避风险类型 2，从第一组几乎不显著增加到第二组中的 21.7%，但在最后一组中又降至 1.1%。

计算三组中卖方类型的概率，发现调整类型解释了三组中超过一半的卖方行为。类型 2 的行为与风险规避行为一致，解释了大约 25% 的行为。在三组卖方类型构成中没有发现任何显著变化，然而，这并不意味着被试者不学习。事实上，调整类型总是根据过去的观察结果，考虑到对手行为的变化，重新计算每轮的最优回应。作为先行者，卖方需要预测买方决定，利用经验估计买方接受 p_h 的概率，比依赖于外生给定的先验预测更好地解释观察到的卖方行为。

[①] 根据表 4−8 买方的系数计算得，$0.763 − 0.519 = 0.244$，即约 25%，下同。

表 4 – 8   实验局 noo 的各行为类型估计

分组	参数	买方				卖方			
		系数	标准误	z	Pr > ∣Z∣	系数	标准误	z	Pr > ∣Z∣
1	γ_1	0.236	0.092	2.31	0.009	0.251	0.124	1.76	0.038
	γ_2	0.000	—	—	—	0.248	0.107	2.13	0.015
	γ_3	0.763	0.091	6.84	0.000	0.501	0.114	4.17	0.000
2	γ_1	0.241	0.147	1.46	0.107	0.071	0.066	0.83	0.426
	γ_2	0.217	0.102	2.34	0.009	0.238	0.079	2.34	0.017
	γ_3	0.542	0.158	3.02	0.004	0.690	0.097	6.59	0.000
3	γ_1	0.470	0.163	2.88	0.002	0.152	0.106	2.23	0.027
	γ_2	0.011	0.092	1.42	0.153	0.261	0.990	2.18	0.035
	γ_3	0.519	0.154	3.01	0.001	0.587	0.124	4.53	0.000
—	λ	1.465	0.106	6.47	0.000	2.640	0.186	7.13	0.000
	n_0	21.960	26.940	0.87	0.297	38.760	4.380	8.13	0.000
	ϑ_1	0.085	0.051	0.32	0.586	0.179	0.019	2.06	0.341
	ϑ_2	0.132	0.058	1.92	0.019	0.072	0.018	0.41	0.673
对数似然值		– 255.97				– 246.12			

注:"—"表示无数据。

资料来源:根据实验数据计算而得。

为了评估模型对数据的解释程度,现在来计算有多少观测值与其分配类型的行为准确对应。假设被试者属于既定类型,使用估计参数计算出每个被试者及每组观测数据的概率。然后,运用贝叶斯法则,根据观测数据,计算被试者在该组中属于某一类型的后验概率,将被试者分配到后验概率最大值的类型。随后,对同组被试者指定的类型,检验被试者行为的观察值与预测值是否一致,计算被试者行为与被试者类型完全一致的观察值所占的比例。在实验局 noo 中,卖方达到 83.1% 准确预测,买方也达到 81.4% 准确预测。

四、有外部选择的经济计量分析

与实验局 noo 的分析类似,也考虑以下三种类型:

就买方而言,预测类型 1 的高估值买方 hv 接受低报价 p_1,否则,执行外部选择。风险规避类型 2 的买方接受所有报价。预测类型 1 和风险规避类型 2 的买方 lv 总是执行外部选择。调整类型 3 依据经验做出最佳反应。

就卖方而言，预测类型 1 的低成本卖方 lc 即刻报出低价 p_1。风险偏好类型 2 的卖方 lc 报价 p_h，在 t = 2 期接受 p_1。这两种类型的卖方 hc 总是报价 p_h。调整类型 3 依据经验做出最优回应。

行为模型在实验局 noo 已建立，只需用买方的外部选择替代退出选项，以描述实验局 goo 和实验局 boo 中相应策略的设定，调整类型从中选择最佳回应。搜寻的期望值被视为连续的收益，以相同方式计算。但是，请注意，并不是所有实验局的预测类型 1 和风险规避类型 2 都直接可比。由于行为空间局限，在实验局 goo 和实验局 boo 中，无法区分预测型卖方和风险规避型卖方；但是，在实验局 noo 中，预测型卖方行为却与风险偏好型卖方行为一致。类似结论也适用于买方。风险规避类型 2 因而也显示了被试者在实验局 noo 和实验局 goo/ boo 中不同的风险态度。

考察无约束估计的结果，对各个实验局的参数 λ、n_0、ϑ_1 和 ϑ_2 进行估计。对于实验局 goo，如表 4 - 9 所示，在第一组中超过 80% 的卖方行为可以由预测类型 1 解释，但之后显著降低至 30% 左右；而风险偏好类型 2 仅在最后一组有显著意义，这可以解释为买方越来越多地执行外部选择，此时，卖方的报价变得无关紧要；调整类型 3 变得越来越重要，由第一组的不显著比例上升到第二组占比 30% 左右，直到最后一组近 50% 被试者。同时，许多被试者不再遵循无条件披露策略的预测类型 1，需要考虑对买方行为的期望。在前两组中超过 30% 的买方行为符合风险规避类型 2，接受所有报价；预测类型 1 仅出现在最后一组中，解释了大约 20% 的买方行为，即能够用无条件搜寻解释很少的数据；调整类型 3 解释了三组中超过 60% 参与人的买方行为，表明尽管许多买方学会了搜寻，但是搜寻是有条件的，取决于已有经验和卖方报价。

在实验局 goo 中，表 4 - 9 显示，风险规避类型 2 解释了高达 3/4 的买方行为。因而有两种方式来解释卖方的行为。尽管多数被试者认为隐瞒策略更具风险，在实验局 goo 中更有可能达成协议，但是，大约 1/3 的卖方从买方规避风险行为中学习到应该考虑买方先前行为，以便决定采取何种对应策略。为了评估无约束模型对数据的解释程度，再次计算有多少观测值与其所分配类型的行为准确对应，如同在实验局 noo 中所述。对于实验局 goo，发现卖方准确预测率为 88.9% 和买方准确预测率达 90.7%，而在实验局 boo 中，同样有高准确预测率，卖方为 91.4%、买方为 86.3%。表 4-9 表明，在实验局 boo 中，大约 2/3 的卖方在所有分组中被归类为预测类型 1，即多数卖方在 20 轮中都报出低价 p_l。与实验局 goo 相比，风险偏好类型 2 几乎不存在，但发现调整类型 3 解释了后两组中约 1/3 的卖方行为。后估计概率的计算是将卖方选择 p_h 作为最佳反应，在实验局 goo 各轮次中均小于 0.30，而在实验局 boo 中始终大于 0.50。换而言之，调整类型在实验局 boo 中选择 p_h 的频率更高，这与描述性部分观察的结果相同，也与买方的行为是一致的。

表 4-9　　　　实验局 goo 和 boo 非约束模型的各行为类型估计

分组	参数	买方				卖方			
		系数	标准误	z	Pr > ∣Z∣	系数	标准误	z	Pr > ∣Z∣
实验局 goo									
1	γ_1	0.000	—	—	—	0.827	0.172	5.11	0.000
	γ_2	0.366	0.109	2.99	0.001	0.152	0.125	1.48	0.237
	γ_3	0.634	0.112	5.07	0.000	0.021	0.107	0.39	0.718
2	γ_1	0.000	0.011	0.01	0.983	0.612	0.218	2.14	0.031
	γ_2	0.342	0.113	3.76	0.002	0.035	0.107	1.48	0.173
	γ_3	0.658	0.099	5.91	0.000	0.353	0.215	1.59	0.102
3	γ_1	0.187	0.079	1.68	0.077	0.341	0.161	2.21	0.034
	γ_2	0.155	0.076	2.36	0.010	0.172	0.89	1.92	0.058
	γ_3	0.658	0.093	5.65	0.000	0.487	0.173	2.77	0.002
—	λ	0.563	0.049	12.32	0.000	1.00	0.287	3.16	0.001
	n_0	10.92	3.68	3.11	0.002	1.84	0.491	3.08	0.002
	ϑ_1	0.048	0.059	0.83	0.397	0.223	0.051	3.62	0.000
	ϑ_2	0.194	0.047	4.42	0.000	0.310	0.109	2.58	0.010
对数似然值		-281.98				-203.64			

续表

分组	参数	买方				卖方			
		系数	标准误	z	Pr > | Z |	系数	标准误	z	Pr > | Z |
实验局 boo									
1	γ_1	0.082	0.081	0.99	0.333	0.673	0.128	5.41	0.000
	γ_2	0.604	0.151	4.07	0.000	0.156	0.110	1.52	0.154
	γ_3	0.313	0.117	2.56	0.007	0.171	0.104	1.58	0.101
2	γ_1	0.189	0.101	2.01	0.049	0.681	0.172	3.94	0.000
	γ_2	0.811	0.102	8.31	0.000	0.000	0.000	0.01	0.973
	γ_3	0.000	—		—	0.319	0.162	1.99	0.039
3	γ_1	0.128	0.074	1.56	0.103	0.665	0.129	4.91	0.000
	γ_2	0.807	0.112	7.43	0.000	0.000	—	—	—
	γ_3	0.084	0.085	0.99	0.331	0.335	0.128	2.38	0.013
—	λ	0.258	0.053	4.38	0.000	0.917	0.199	4.38	0.000
	n_0	0.80	0.031	28.42	0.000	3.42	1.61	2.21	0.033
	ϑ_1	0.152	0.074	2.11	0.047	0.210	0.044	5.02	0.000
	ϑ_2	0.158	0.029	4.59	0.000	0.496	0.207	2.29	0.016
对数似然值		−251.88				−176.07			

注："—"表示无数据。

资料来源：笔者根据实验数据计算而得。

五、无外部选择的结构模型分析和有外部选择的结构模型分析

为了理解结构模型的基本原理，我们构建了一个约束模型，其中，所有实验局的参数 λ、n_0、ϑ_1 和 ϑ_2 都相同（见表4-10），并将有约束模型的结果与无约束模型的结果进行比较。

表4-10 约束模型的各行为类型估计

分组	参数	卖方				买方			
		系数	标准误	z	Pr > | Z |	系数	标准误	z	Pr > | Z |
实验局 noo									
1	γ_1	0.210	0.167	1.14	0.297	0.263	0.104	2.57	0.008
	γ_2	0.261	0.103	2.71	0.007	0.000	—	—	—
	γ_3	0.539	0.156	3.19	0.001	0.737	0.104	6.87	0.000

续表

分组	参数	卖方				买方			
		系数	标准误	z	Pr > | Z |	系数	标准误	z	Pr > | Z |
2	γ_1	0.000	0.002	0.00	0.992	0.329	0.138	2.34	0.016
	γ_2	0.187	0.088	1.98	0.039	0.267	0.112	2.43	0.011
	γ_3	0.813	0.089	8.62	0.000	0.404	0.161	2.51	0.015
3	γ_1	0.203	0.122	1.67	0.099	0.487	0.139	3.47	0.000
	γ_2	0.265	0.128	1.96	0.032	0.122	0.087	1.41	0.172
	γ_3	0.532	0.171	3.20	0.003	0.391	0.149	2.71	0.006
实验局 goo									
1	γ_1	0.847	0.136	6.55	0.000	0.000	—	—	—
	γ_2	0.118	0.089	1.32	0.177	0.392	0.141	3.02	0.003
	γ_3	0.034	0.093	0.28	0.815	0.608	0.131	4.57	0.000
2	γ_1	0.821	0.31	2.97	0.004	0.000	—	—	—
	γ_2	0.129	0.079	1.52	0.113	0.403	0.104	3.13	0.001
	γ_3	0.050	0.236	0.19	0.828	0.597	0.104	6.42	0.000
3	γ_1	0.438	0.169	2.53	0.009	0.162	0.091	1.83	0.072
	γ_2	0.271	0.111	2.62	0.847	0.197	0.079	2.47	0.010
	γ_3	0.290	0.147	1.95	0.047	0.641	0.114	5.93	0.000
实验局 boo									
1	γ_1	0.742	0.097	6.87	0.000	0.032	0.076	0.43	0.524
	γ_2	0.258	0.097	1.92	0.009	0.899	0.117	7.66	0.000
	γ_3	0.000	—	—	—	0.068	0.072	1.14	0.499
2	γ_1	0.807	0.132	7.83	0.000	0.167	0.068	1.72	0.086
	γ_2	0.090	0.132	0.97	0.417	0.832	0.068	8.94	0.000
	γ_3	0.102	0.124	1.08	0.305	0.000	—	—	—
3	γ_1	0.762	0.141	7.14	0.000	0.122	0.074	1.63	0.136
	γ_2	0.113	0.148	0.93	0.452	0.817	0.098	7.13	0.000
	γ_3	0.124	0.141	0.99	0.427	0.060	0.081	0.79	0.456
—	λ	2.02	0.301	7.04	0.000	0.607	0.049	14.12	0.000
	n_0	46.09	18.742	2.75	0.009	11.09	0.091	120.78	0.000
	ϑ_1	0.201	0.038	6.47	0.000	0.049	0.030	1.62	0.120
	ϑ_2	0.193	0.052	3.70	0.000	0.213	0.28	9.03	0.000
对数似然值		0.000				0.000			

注："—"表示无数据。

资料来源：笔者根据实验数据计算而得。

似然比检验拒绝了卖方（$p < 0.000$）和买方（$p < 0.002$）的约束模型。因此，我们得出结论，如果没有足够多的自由参数，此结构模型无法很好地预测所观察的行为。与无约束模型的估计参数进行比较，不同实验局之间存在较大差异，尤其是 n_0 的估计值；n_0 用来表示被试者自我信念的灵敏性。参数值在实验局 noo 中是非常高的（见表 $4-8$，n_0 的估计值为 38.76），可以考虑为被试者自我信念的缓慢调整。然而，这并不意味着调整类型在此实验局中无意义。因为如果不同策略在博弈中有相近的期望收益，那么，即使自我信念的微小变化也可能导致博弈不同的最佳反应策略。在实验局 noo 和实验局 goo（或实验局 boo）中，参数估计的差异也可视为一种暗示，被试者将有外部选择的博弈和无外部选择的博弈视为不同情况。最后，模型报告不同实验局行为和调整的差异，可能是因为不同情况下需要被试者有不同的经验和能力。

第五节　小　结

本章通过实验研究了市场交易制度的选择，探讨了讨价还价与搜寻哪个更有效率。外部选择和信息是谈判中的两个关键要素，本章在实验中研究了它们对谈判行为的影响。不完全信息下，本章研究了单一的卖方与买方之间交易的两种博弈，即买方没有外部选择的谈判博弈和买方可以搜寻外部选择的谈判博弈。

一、买方没有外部选择

在没有外部选择的博弈实验中，根据理论模型及假设推导出预测值，将预测值与实验所得数据进行比较，不同配对类型交易的实验结果与理论预测是一致的。达成协议的比例、时期和收益分配与理论预测是一致的，其中，前两个时期内达成协议的比例很高，所有参与人都可以通过达成协议获得正利润。实验结果显示，就达成协议比例而言，所有不同配对类型所达成协议的比例之间有显著差异。但是，如果只比较总收益大小相近的两种不同配对，达成协议的比例并没有显著差异。因此，与理论预测相反，达成协议的比例并不独立于谈判收益的大小。而高成本卖方与低估值买方的配对类型极少能够达成协议，与比率为零的预测无显著差异，这表明了互利交易是不可能的。

对于没有外部选择的实验结果进行计量分析，首先，从买方和卖方两方面进行小结。对于买方而言，高估值买方如果是预测类型，则接受所有报价；高估值买方如果是风险偏好类型，那么，在第一期接受低价、拒绝高价，在第二期接受所有报价。而低估值买方全都接受低价、拒绝高价。调整类型的买方会依据过去的经验，做出最优反应。对于卖方而言，低成本卖方如果是预测类型，则报出高价，在第二期接受低价；如果是规避风险类型，则直接报出低价。高成本卖方总是报出高价。调整类型的卖方，也依据过去的经验做出最好的反应。

其次，调整类型总是根据过去的观察结果，考虑到对手行为的变化，重新计算每轮的最优回应。从而，作为先行者，卖方需要预测买方决定，利用经验估计买方接受高价的概率，比依赖于外生给定的先验预测更好地解释观察到的卖方行为。

最后，为了评估模型对数据的解释程度，计算出观测值与其分配类型行为的准确对应程度。在没有外部选择的实验局中，卖方达到83.1%准确预测，买方也达到81.4%准确预测。

二、买方有外部选择

本章重点在于拓展假设条件，买方有权搜寻，在市场中为买方引入外部选择，并且，将外部选择划分为优质和劣质两种类型。

第一，就买方接受外部选择报价及预测均值的情况而言，无论实验局的外部选择是"好的"还是"坏的"，高估值买方和低估值买方的结果都与预测相同，都选择去搜寻，并且，搜寻的利润高于讨价还价的利润。但是，当折现系数比较大时，会导致所获得的实际利润在随后下降。

在外部选择为"好的"的实验局中，高估值买方行为在理论上都相同，预测买方都会进行搜寻。在与低成本卖方交易的过程中，对比从搜寻与讨价还价中获得的利润，没有显著差别；而在与高成本卖方交易的过程中，搜寻所获得的利润明显要高。同时，低估值买方的讨价还价利润也明显低于搜寻利润，因而，搜寻定会产生更高的利润。

在外部选择为"坏的"的实验局中，高估值买方的理论预测结果取决于与谁交易，高估值买方会与低成本卖方达成交易。在实验中观察到，大多数高估值买方确实如此，但在预测低价格时并不总是如此。就预测利润而言，由于通过搜寻所获得的利润高于讨价还价所获得的利润，预测到，与高成本卖方配对的高估值买方会执行外部选择。但实验数据显示，买方搜寻仅占不到 1/4。平均来说，从讨价还价中接受低报价，并不比在搜寻中更差。搜寻的平均利润低于讨价还价所获得的平均利润，也低于搜寻的预期利润。

第二，尽管本章的实验设计没有为揭示社会偏好留多少空间，但是，被试者仍通过选择讨价还价策略而非搜寻策略、通过选择比无外部选择低的投入成本，来避免极端不对称的结果。然而，这似乎并没有对大量达成的协议给出令人信服的解释。当外部选择是"好的"时，高估值的买方近一半选择搜寻，揭示出被试者几乎并不关心谈判伙伴是否获得零回报。当外部选择是"坏的"时，买方执行外部选择的比例显著下降。这表明，被试者非常看重决策问题中的机会成本，而公平结果似乎并非决策的决定性因素。不难看出，即使交易伙伴获得收益为零，绝大多数低估值买方仍然倾向于执行外部选择。

第三，为了给予谈判结果一个合理的解释，而不仅仅是为了进行预测，继续运用交易者关于对方的行为有"自我信念"的思想。通过观察买方对卖方报价的反应，看卖方报价的高低是否与买方反应一致。在成本较低的情况下，卖方没有真实激励将其初始报价改为低价。事实上，卖方初始报价并没有随时间而显著变化。换而言之，尽管买方有外部选择，除了一半左右的低成本卖方依据预测一直报出低价，近 60% 的低成本卖方还是会隐瞒自己的类型。超过 2/3 的高估值买方接受高出价，这证实了卖方对自己行为的自我信念是完全正确的。

在"好的"的外部选择实验局中，高估值买方学会搜寻。在 t = 1 期，高估值买方搜寻率从第一组的 42% 上升到第三组的 71%。对卖方高价的接受率从 29% 下降到 18%。考虑到买方的调整，特别是较高的搜寻率，低成本卖方几乎没有回应，因为他们无法以有意义的方式进行调整。

大多数谈判博弈在达成协议的过程都非常省时。超过 90% 的协议是在第一阶段达成的，这不取决于经验。至于搜寻时间的长短，在优质外部选择的实验局中，搜寻超过两期的高估值买方只有 1/10，但低估值买方大约占 1/4。在"坏的"外部选择的实验局中，约一半的高估值买方和低估值买方搜寻都超过两期，并且，约 90% 的高估值买方和低估值买方都在第三期基本全部结束搜寻。

从实验中观察到，正如理论模型所预测的，有风险条件下搜寻的平均结果会更好——买方搜寻行为比接受外部随机报价更有效。搜寻外部选择的平均利润与所有抽取外部选择的平均利润相比有显著差异。"好的"外部选择的实验局中，所有买方搜寻利润和"坏的"外部选择的实验局中所有低估值买方搜寻利润都与预期搜寻利润非常接近。因此，即使搜寻行为本身不是最优，但至少在回报效率方面相当成功。此结果不因参与人经验的变化而变化，与前面搜寻实验结果一致。

第四，本章实验还检验了搜寻行为与最优停止规则的一致程度。违反此规则，存在 $p \leqslant p^*$ 和 $p > p^*$ 两个可能的方向。

对于 $p \leqslant p^*$，被试者可能会在同一博弈中反复违反最优停止规则，这可能导致大量拒绝低于 p^* 的价格，因此，还要观察此类违规行为的博弈数量。在"好的"外部选择的实验局中，发现高估值买方和低估值买方有相同行为：本应拒绝却接受报价的博弈比本应接受却拒绝报价的博弈多。这与之前实验中发现的"搜寻太少"结果一致，并且，将风险规避作为其可能的解释。在"坏的"外部选择的实验局中，发现低估值买方在拒绝 $p \leqslant p^*$ 和接受 $p > p^*$ 行为上无差异，而高估值买方在拒绝 $p \leqslant p^*$ 上

超过接受 $p > p^*$。这些违反规则行为与过多搜寻是一致的，也就是说，取决于被试者所具有风险偏好的态度。然而，过多搜寻是非持续模式。此外，无论是接受 $p > p^*$，还是拒绝 $p \leqslant p^*$，高估值买方与低估值买方的行为都没有显著差异。因此，我们认为，在这个实验中，过多的搜寻并不是一个持久模式。结果表明，如果被试者遵循较少搜寻的停止规则，则获得相当好的结果；而如果被试者遵循较多搜寻的停止规则，则获得较差结果。因此，后者更有可能向越来越少的方向修正，所以，就平均水平而言，被试者搜寻得太少。

为了进一步识别搜寻行为的驱动因素是风险规避而不是满足感，本章通过实验检验了被试者在搜寻过程中，是否倾向于接受超过谈判阶段所拒绝过的最高报价；同时，对贴现因子进行调整。假定某个特定的外部选择被接受，当其报价低于谈判时被拒绝的第一个报价时，交易数量明显超过了高于第一个外部报价的交易数量。这是搜寻过程中的风险规避，而不是为了达到一定利润水平的行为。

对于"好的"外部选择和"坏的"外部选择的两个实验局，理论预测是，买方离开卖方之后将永远不会回去讨价还价，即在均衡状态下，有返回选择权和没有返回选择权的博弈是相同的。而在实验中观察到，拥有"坏的"外部选择比"好的"外部选择的买方更多地返回谈判，并呈现单调下降趋势。因此，当参与人更有经验时，这种返回谈判的低效率行为就消失了，这与理论预测一致。

第五，对于有外部选择的实验局数据进行经济计量分析，得到如下初步结论：

就买方而言，高估值买方如果是预测类型时，接受低报价，否则，执行外部选择；如果是风险规避类型时，则接受所有报价。而低估值买方总是执行外部选择。调整类型会依据经验做出最佳反应。

就卖方而言，低成本卖方如果是预测类型，就会即刻报出低价；如果是风险偏好类型，会报出高价，在第二期接受低价。而高成本卖方总是报高价，调整类型同样会依据经验做出最优回应。

由于行为空间局限，在"好的"外部选择和"坏的"外部选择的实验局中，无法区分预测型卖方和风险规避型卖方；而在没有外部选择的实验局中，预测型卖方行为却与风险偏好型卖方行为一致。类似的结论也适用于买方。因此，风险规避类型也显示了被试者在没有外部选择的实验局中和有外部选择的实验局中不同的风险态度。

第六，在进一步计量分析中，一是考察无约束估计，对各个实验局的参数 λ、n_0、ϑ_1 和 ϑ_2 进行估计。

对于"好的"外部选择实验局的分析表明，买方越来越多地执行外部选择，此时，卖方的报价变得无关紧要；而调整类型也变得越来越重要，呈现上升趋势。同时，许多预测类型的被试者不再遵循无条件披露策略，而是会考虑对买方行为的期望。调整类型解释了超过60%参与人的买方行为，表明尽管许多买方学会了搜寻，但是，是有条件的，取决于已有经验和卖方报价。

在"坏的"外部选择的实验局中，大约2/3的卖方在所有分组中被归类为预测类型，多数卖方在所有轮次中都报出低价。与"好的"外部选择的实验局相比，风险偏好类型几乎不存在，在"坏的"外部选择实验局中，调整类型选择高价的频率更高，这与描述性统计的结果相同，也与买方行为一致。在"好的"外部选择实验局中，风险规避类型能够解释高达3/4的买方行为。尽管多数被试者认为，在"好的"外部选择的实验局中，采取隐瞒策略更具风险性，也更有可能达成协议，但是，约占1/3的卖方从买方规避风险行为中学习到——应该考虑买方先前行为，以便决定采取相应的策略。

为了评估无约束模型对数据的解释程度，本章计算观测值与其所分配类型行为的准确对应程度。在"好的"外部选择的实验局中，卖方准确预测率为88.9%、买方准确预测率达90.7%；在"坏的"外部选择的实验局中，同样获得了很高的预测率，卖方为91.4%、买方为86.3%。

二是为了用结构模型解释基本原理，本章还估计了一个约束模型，其中，所有实验局的参数 λ、n_0、ϑ_1 和 ϑ_2 都相同，并与无约束模型的结果进行比较。结果显示，似然比检验拒绝了卖方的约束模型和买方的约束模型。因此，如果没有足够多的自由参数，此结构模型无法很好地预测所观察的行为。与无约束模型的估计参数进行比较，不同实验局之间存在较大差异，尤其是用来表示被试者自我信念灵敏性 n_0 的估计值。n_0 在没有外部选择的实验局中非常高，显示出被试者自我信念的缓慢调整。

然而，这并不意味着调整类型在实验局中无意义。首先，是因为如果不同策略在博弈中有相近的期望收益，那么，即使自我信念的微小变化也可能导致博弈不同的最佳反应策略。其次，在不同实验局中，参数估计的差异也可视为一种暗示，被试者将有外部选择的博弈和没有外部选择的博弈视为不同情况。最后，模型报告了不同实验局中交易行为和交易调整的差异，可能是因为在不同情况下需要被试者有不同的学习和能力。

尽管搜寻率总体上低于预期，但是，实验显示，外部选择的"好坏"确实很重要。外部选择质量越好，买方选择搜寻并且博弈在搜寻阶段结束的比例就越高。无论外部选择的"好坏"，超过 2/3 的买方更倾向于选择确定的较低收益，而不是选择较高的预期搜寻收益。

总的来说，实验结果证实了买方搜寻非常有效。大量观察到的搜寻效果表明，尽管情况不确定并且相对复杂，但被试者仍然能够做出非常正确的决定。正是由于这些有趣的结果，显示了搜寻是有效率的、将搜寻引入交易过程是合理的。在此基础上，第五章的实验将检验经典科斯猜想和买方有外部选择的科斯猜想。

第五章 消费者有外部选择的实验

经典的科斯猜想（Coase conjecture）是现代微观经济理论的基石，其开创性地论述了耐用品垄断价格会降至与边际成本相等的竞争水平，且独立于供给企业的数量。其思想是：在任意既定价格下，对产品高估值的消费者比对产品低估值的消费者更有可能购买产品，导致需求的负选择（negative selection）。因此，企业不断降价，引起高估值消费者延迟购买。企业无能力承诺不会降价，导致后期行为对前期行为产生了负外部性，使其总利润减少。即使在成本函数是非线性的、产品存在折旧、有新企业进入以及消费者需面对未来的竞争的情况下，推导出科斯猜想的负选择仍然是稳健的。

然而，科斯及后续研究者没有考虑在较为真实的交易环境下，消费者拥有其他外部选择（outside options）情况下，科斯猜想是否仍然成立？

对这个问题的探索，在真实经济环境中不易进行隔离分析，而实验方法能够允许研究者控制环境的关键特征。因此，在搜寻过程中，本章设计了一个"接受否则离开"明码要价（Posted Offer）交易制度的市场实验，探究较为真实和复杂交易环境下的一些问题：消费者拥有其他外部选择时，交易价格是否受到显著影响？外部选择分别作为内生和外生变量时，是否导致结论存在明显差异？消费者数量和拖延成本的变化能否影响实验结论？

第一节　文献回顾

一、消费者数量及拖延成本（delay cost）[*]

消费者是异质的，企业通过对异质性消费者的价格歧视而获益。就消费者数量对于价格的影响而言，一方面，费尔和库恩（Fehr and Kuhn，1999）的研究显示，若消费者数量是有限的，则企业几乎获得全部歧视利润。由此可见，交易价格可能受到消费者数量的影响。另一方面，信息不对称情况下利用讨价还价理论模型进行分析表明：无论参与交易的消费者是单个还是多个，均衡定价是相同的。正如居斯等（Güth et al.，1982）的模型所分析的：假定不允许退出交易，对于单一消费者和连续消费者，结果是等价的。德内克雷和梁（Deneckere and Liang，2006）的进一步研究显示，当消费者数量有限时，存在的均衡是唯一的。对于消费者有外部选择的情形，在理论上，仍然可以获得相同的结果。这一讨论非常重要，因为单个消费者交易的结果可预测多个消费者交易的结果，是市场实验的基础。

搜寻其他外部选择而导致延迟交易是有成本的，即拖延成本。居斯进行了一个企业匹配十个消费者的实验，结果表明，对于没有经验的被试者，出价因拖延成本的不同而不同，与理论结论不一致；对有经验的被试者，虽然不同拖延成本的企业出价水平接近于理论预测，但价格仍然与比较静态分析的预测值不一致。同时，拉波波特等（Rapoport et al.）进一步的实验结论显示，与序贯均衡（SE）所预测的相反，拖延成本越低，企业的出价越高。

二、均衡的跨期动态趋势

跨期交易价格的理论研究表明，产品首发价高，一旦有消费者购买，

---

　[*]　在 *The Handbook of Experimental Economics*（1995）一书讨论序贯讨价还价博弈实验中，认为介于 0 与 1 之间的贴现因子 δ 反映了参与者的拖延成本（delay cost），本章沿用了这一术语。

企业就会降价。如果消费者有足够耐心，那么价格几乎立即收敛到边际成本。在边际成本为常数、离散时间的情况下，当时间周期趋近于零时，均衡也接近于竞争水平。但是，当考虑消费者有外部选择时，博德和皮西亚（Board and Pycia，2014）所得出的理论结论却与这些学者不同。他们在一个搜寻过程中内生化外部选择，企业可在不同时期报出不同价格，消费者决定是否购买产品。在每个时期消费者都可执行外部选择、放弃搜寻或者转向另一个企业。其理论结论是：存在唯一均衡，即企业在每一期报出相同的垄断价格。

就相关实验而言，在多期交易中实验研究没有考虑过消费者存在外部选择的情形。雷诺兹（Reynolds）认为，消费者无其他外部选择，企业的出价随着期数的增加而降低。麦等（Mak et al.）对于折旧率不变的双寡头垄断实验的结果表明，均衡价格也是逐期递减的。总之，在不考虑外部选择时，价格随期数增加而降低，但不会降至完全竞争水平，即边际成本（MC）为0。

综上所述，一方面，在实验设计中引入搜寻过程是必要和合理的，消费者有外部选择与消费者无外部选择的交易相比，有限实验研究有三种截然不同的观点：交易价格会更高、更低以及价格与交易不相关。这些实验几乎没有考虑搜寻过程，而搜寻的特征是虽然搜寻行为过少但是有效率。另一方面，在控制实验环境的关键特征中，本章更关注市场交易制度的选择。史密斯（Smith）认为，实验对信息特异性等要求被过分夸大了，而实验受市场交易制度的影响却是微妙的。虽然与多数文献所采用的分散讨价还价制度相比，公开明码要价交易制度的非对称性将会使企业比消费者处于更有利的地位，使成交价格更高、交易效率更低。但是，明码要价制度与分散讨价还价制度相比有三点优势：其一，明码要价允许企业在非连续时间内做出价格决策；其二，可以节约谈判成本，尤其使搜寻过程得到大大简化，从而抵消由于抬高价格而带来的低效率；其三，明码要价更接近于大型零售商场和电子商务购物平台的真实交易，也更接近于政府监管的某些行业真实现状（如对航运业和酒精饮料业的监管，企业需事先上报价格，在监管机构备案且不能打折销售）。总而言之，基于消费者有外部选择对交易价格作用的已有实验和理论研究，本章将顺序引入搜寻序贯，"接受否则离开"的明码要价市场交易制度实验，探讨在消费者拥有外部选择情况下科斯猜想是否成立。

第二节　实验设计

本实验基于顺序搜寻过程"接受否则离开"的明码要价市场交易制度，是针对企业公开出价、消费者不公开估值的单边不对称信息市场交易的研究。实验采用 z-Tree 软件编程，是一项随机化、多因子的实验设计（randomized block factorial design，RBFD）。

一、实验流程

2017 年 12 月实验者在浙江大学社会科学实验室完成。共分为九场实验，[①] 前八场实验每场被试者 30 人，最后一场实验被试者 20 人，[②] 总计在 BBS 上招募了 260 个被试者参与实验。严格保证每个被试者只参与一场实验，避免产生学习效应（learning effect）。

进入实验室，每个被试者领取一份实验说明、草稿纸及铅笔，随机抽取计算机编号并对号入座。在被试者阅读完实验说明后，实验员会将实验说明再大声宣读一遍，并给予被试者一定时间私下提问及解答，等所有被试者对实验说明无疑义，实验正式开始。

在实验过程中，要求每位被试者禁止与其他被试者有任何形式的交

[①] 实际完成十场实验，共计招募被试者 296 人，但由于其中一场实验在过程中出现意外而导致实验数据不完整，因此舍弃此场实验，对整体实验没有影响（因为舍弃场次的可用数据也支持后续分析的结论）。本文对九场有效实验数据进行分析。

[②] 本场次人数少，没有特别的原因，仅是因为要求被试者不能重复参与实验，担心人数招募问题而进行的人为限定。

流。若有任何疑问，举手示意，实验员立即私下答疑。在实验前所有被试者均被告知，在实验中被试者的个人信息不被任何参与人知晓。每一实验局（treatment）结束，在收益显示界面中都会显示被试者的当期收益、每局收益（以代币为单位）。

每场实验完成时间约为 80 分钟，所有实验内容均在电脑上操作完成。被试者最终收益由两部分构成：其一，为使被试者有激励参加并认真完成实验，支付 15 元的出场费；其二，为避免实验中的财富效应，每个被试者随机抽取七个实验局计算收益，按照 500 代币 = 1 元人民币换算成为现金。这两部分的总和就是被试者最终获取的实验报酬。实验结束后，将最终报酬的现金装入信封，发放给被试者，实验报酬的数额确保被试者相互之间并不知晓。每位被试者在实验中获得的现金平均为 46.73 元。

二、实验内容

本实验包括三部分。

第一部分是实验问题测试。为确认被试者理解实验内容、收益支付的计算并且按照自己的意愿准确决策，以及兼顾被试者集中精力时间有限，在正式实验开始之前，每个被试者都需要在电脑上独立完成有代表性的三道测试题，只有通过测试的被试者才能参加正式实验。

第二部分是正式实验：由不同外部选择情境下的三项主要任务组成，每项任务都需要完成不同拖延成本的三个实验局（treatment），共计完成变量取值不同的九个实验局。每局都不重复是为了避免学习效应及重复操作的"惯性疲劳"。每一实验局中的变量取值，如表 5 – 1 所示。

表 5 – 1 九个实验局的变量设置

	变量 w = 0 （任务 1）	外生变量 w > 0 （任务 2）	内生变量 w > 0 （任务 3）
$\delta = 1$	第一局	第四局	第七局
$\delta = 0.9$	第二局	第五局	第八局
$\delta = 0.1$	第三局	第六局	第九局

资料来源：笔者根据实验设计而得。

表 5 - 1 中的变量 δ ∈ [0，1] 是对消费者的效用和企业的收益进行折扣，表明等待购买和延迟购买是有成本的。δ 越大，拖延成本越小，当 δ 取值为 1 时，意味着交易没有拖延成本。w ∈ W ⊂ (0，1000] 是消费者对有外部选择产品的估值（消费者愿意为产品支付的最大值），w = 0 意味着，消费者没有外部选择；w > 0 表明，消费者有外部选择（外部选择作为外生变量和内生变量两种情况）。

在不同场次（session）中，改变 δ = 0.9 与 δ = 0.1 的次序，以减少顺序效应（order effect）。在每个实验局开始时，为最小化声誉机制，电脑对被试者随机分组、分配作为企业还是消费者角色（双向匿名、完全陌生搭配）。在起始期，电脑将消费者和企业一对一随机配对，进入交易。为观测消费者数量是否对实验结果有显著影响，任务 1 和任务 2 的前三场实验将一个企业和五个消费者随机组成一个交易组；后六场实验将一个企业和一个消费者随机组成一组。任务 5 - 3 的九场实验都相同：将五个企业和五个消费者随机分为一个交易组，这是因为外部选择由市场内生决定。

实验中还有一些细节设置：每个实验组之间是相互独立的，也就是说，每一轮的收益只取决于交易组内成员的决策，与其他交易组的行为没有关系。每个企业出售的唯一产品是其所独有的。为简化问题，假定产品的生产成本和边际成本都为 0。

这三项任务的主要内容如下：

任务 5 - 1：消费者无外部选择

这是一个基础任务。在起始期，企业先出价 p_1，消费者对产品的估值 v 由电脑随机赋值，消费者权衡 p_1 与 v 后选择购买或等待，所有行为公开可见。

p_t 是企业在 t 期的报价，取值范围是 1 ~ 999（代币）区间的整数，是公开信息（在消费者和企业决策界面的"历史记录"中，将显示此前每一期的出价以及是否交易成功的信息）。估值 (v，w) 是从包含在 V × W 的均匀分布中得到的，这也是公开信息。v ∈ V ⊂ (0，1000] 和 w ∈ W ⊂ (0，1000] 由电脑在 1 ~ 1000 代币中随机抽取的整数，作为消费者的私人信息，企业并不知晓 v 和 w 的具体信息，且在每一轮 T = 4 期内不随期数的变化而改变，直到这一轮交易结束。在时期 t，如果选择购买产品，消费者的收益[1]为 $\delta^{t-1}(v-p_t)$，企业的收益为 $\delta^{t-1}p_t$；如果选择等待，则这一期双方收益都为 0，将进入下一期。只要 t < T（其中，t ∈ [1，T]，T = 1 或 4），企业可以继续出价，消费者做出选择，直至 t = T 期，无论消费者如何选择，交易都会结束。

任务 5 - 2：消费者有市场外生的外部选择

任务 5 - 2 继续任务 5 - 1 的"企业出价——消费者选择"的主要搜寻模式。消费者除了有任务 5 - 1 的两个选项外，还可以选择除当前产品之外的其他产品。如果净效用 u = v - w ≥ p，则消费者购买产品，否则，搜寻外部选择。具体如图 5 - 1 所示：

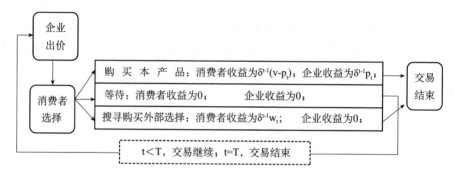

图 5 - 1　序贯搜寻的交易过程

资料来源：笔者根据实验设计而得。

任务 5 - 3：消费者有市场内生的外部选择

在任务 5 - 3 中，通过引入序贯搜寻过程将外部选择内生化。与任务 5 - 2 所不同的是：其一，消费者 i 对外部选择的估值 w_{it} 不是外生随机给定的，而是受本期交易组内当前企业之外的其他四个企业出价的

影响，即 $w_{it} = \delta \dfrac{\sum\limits_{j=1}^{4}(v_{it}-p_{jt})}{4}$（$j \neq i, j = 1, \cdots, 5$）。其二，如果消费者

---

[1]　消费者购买产品后的收益为 $\delta^{t-1}(v-p_t)$，引自博德和皮西亚（Board and Pycia，2014）及麦等（Mak et al.，2012）的文献。

选择 "购买其他产品"，交易不会结束，而是会进入下一期，且这期买卖双方的收益不计入总收益。在下一期，电脑将此消费者与其他四个企业随机配对，进入新一轮 "企业出价——消费者选择" 的交易过程，直到消费者与当期所对应的企业交易成功，买卖双方的收益才被计入总收益。

最后一部分，是风险和利他偏好的信息问卷以及个人信息问卷。[①]

三、实验微观经济环境及制度

实验的微观经济环境及制度设置如下：

（一）环境

每个场次有 $N=30$ 个被试者作为交易参与者。售卖的唯一种类产品是由作为卖方的被试者以 0 成本供应（即无弹性供给）。每个被试者 i（包括作为卖方和买方的被试者）都知道，所有 k 的价值 V_k 都是独立地从 $[0, V]$ 上的均匀分布密度函数中抽取出来的。开始时，对于所有的 $i \neq j$，每个作为买方的被试者只知道他自己的 V_i，而不知道别人的 V_j。因此，$e^i = (V_i, V, N)$。

（二）信息空间中被试者的产权

语言集合 M 包括针对售卖产品的出价（在试验中代币为计价单位）。在每一 t（$t \leqslant T$，T 为总期数）期，每个作为卖方的被试者只允许提交一个出价，因此，$m_i = b_i$ 就是 i 的出价，$0 \leqslant b_i < 1000$，$i = 1, \cdots, n$，则 $m = (b_1, \cdots, b_n)$ 是 n 个作为卖方的被试者发送的信息集。

（三）收入空间中被试者的报酬产权制度

在收入空间中，制度规则特征记为 $I = (I^1, \cdots, I^N)$，这里，$I^1 = [h^1(m), \cdots, h^N(m)]$，组成收入集合 $H = [h^1(m), \cdots, h^N(m)]$。在报酬产权制度中，将区别两种不同的制度：买方没有可供选择的产品和买方有可供选择的产品。

在买方没有可供选择产品的情况下，如果在 t 期买方 j 接受了卖方 i

[①]　由于篇幅所限，对于相关问卷感兴趣的读者，可向作者邮件索取。

的报价，则买方 j 可以获得 δ^{t-1}（$v-b_{it}$）的支付，而卖方 i 可获得 $\delta^{t-1}b_{it}$ 的支付，其中，δ 为贴现率；如果买方 j 不接受卖方 i 的报价，则被试者 i 和被试者 j 均获得 0 支付。

在买方有可供选择产品的情况下，如果买方 j 选择接受卖方 i 的报价或者等待，则双方可以获得的收益同上；如果买方 j 搜寻可供选择的产品并成功交易，则买方 j 获得 $\delta^{t-1}w_{jt}$ 收益，其中，w_{jt} 为买方 j 在 t 期对此可供选择产品的估值；而卖方 i 获得 0 收益。

（四）被试者行为

被试者行为是依赖于制度 I^i 的出价 b_i，I^i 随着环境 e^i 的改变而变动，如果 i 被分配的价值是 V_i，那么，$e_i =$（V_i，V，N），且被试者的行为可以表示如下：

$b_i = \beta^i[e^i/I] = \beta_1^i[e^i/I]$，如果买方无可供选择的产品，$\forall i$；

$b_i = \beta^i[e^i/I] = \beta_2^i[e^i/I]$，如果买方有可供选择的产品，$\forall i$。

（五）系统绩效

假设实验环境是由 Q 个交易组构成，$q = 1$，$\cdots$，$N/2$。可以用比例 Q_p/Q，即交易成功次数占总交易次数的比例。系统效率可被定义为 V_w（q）$/V_h$（q），其中，V_w（q）为交易成功时买方的分配价值，V_h（q）是 q 个交易组中，各组交易成功的买方最高分配价值。第二种绩效测度方法，是求 Q 组交易的平均效率：$\bar{E} = Q^{-1}\sum\limits_{q=1}^{Q}V_w(q)/V_h(q)$。

第三节　实验结果

本节运用实验方法检验科斯猜想是否成立，首先，考察外部选择与交易价格之间的关系，是否受消费者数量和拖延成本的影响；其次，从静态角度，运用非参数检验初步判断消费者是否有外部选择对交易价格的作用；再次，运用参数检验计量模型深入考察初步结论是否受其他外生变量和各种效应的影响；最后，从动态视角，在消费者有不同外部选择的交易情境下，对均衡价格变动进行跨期研究。本节共得出两个引论和三个主要结论。

一、消费者数量和拖延成本的影响

在文献梳理及数据处理中发现，均衡价格受到消费者数量和拖延成本的影响，由此，不得不考虑消费者的外部选择与价格之间的关系也有可能会受到这两个因素的影响。

（一）消费者数量的影响

先观察不同消费者数量对价格的影响：前面三场实验是由 5 个消费者和 1 个企业组成交易组，而后面六场实验是由 1 个消费者和 1 个企业组成交易组；将前三场实验与后六场实验的价格进行对比分析，结果如图 5-2 所示[①]。

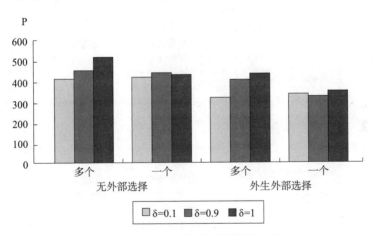

图 5-2　不同消费者数量的价格对比

资料来源：笔者根据实验数据计算而得。

结果显示，与一个消费者相比，由多个消费者参与的交易，企业出

---

① 此对比分析，只适用于任务 1 和任务 2；如前面实验设计所述，任务 3 的外部选择是市场内生，须有多个企业和消费者，因此，不适宜做此项分析。

价均值基本都较高。这一结果与已有理论研究结论相同：市场上的消费者与企业的数量比例较高时，导致更高的价格。

但是，消费者数量多少是否对外部选择与价格之间的关系产生影响？针对消费者数量多与消费者数量少两种情形，根据不同检验组数分别选取多个样本的秩和检验（Kruskal-Wallis）及两个样本的曼-惠特尼（Mann-Whitney）的非参数方法进行检验，结果见表 5－2。

表 5－2　　　　　不同消费者数量对外部选择与价格关系的影响

检验变量	检验方法	检验分组	检验结果	
消费者数量多	Kruskal-Wallis 检验	无外部选择、外生外部选择与内生外部选择	χ^2	17.866
			Prob $> \mid \chi^2 \mid$	0.000
	Mann-Whitney 检验	无外部选择与外生外部选择	Z	-2.412
			Prob $> \mid Z \mid$	0.016
		无外部选择与内生外部选择	Z	-4.173
			Prob $> \mid Z \mid$	0.000
		外生外部选择与内生外部选择	Z	-1.417
			Prob $> \mid Z \mid$	0.157
消费者数量少	Kruskal-Wallis 检验	无外部选择、外生外部选择与内生外部选择	χ^2	52.082
			Prob $> \mid \chi^2 \mid$	0.000
	Mann-Whitney 检验	无外部选择与外生外部选择	Z	-6.711
			Prob $> \mid Z \mid$	0.000
		无外部选择与内生外部选择	Z	-5.844
			Prob $> \mid Z \mid$	0.000
		外生外部选择与内生外部选择	Z	-0.831
			Prob $> \mid Z \mid$	0.406

资料来源：笔者根据实验数据计算而得。

表 5－2 显示，消费者数量较多时，前三个检验分组的显著性水平都远小于 0.050，而第四个检验数组的显著性水平远大于 0.050，这一结果在消费者数量少的情况下也相同。这说明，不同数组的检验结果，并不因消费者数量的多少而有所改变。

引论 5 – 1：无论参与交易的消费者数量如何变动，对外部选择与价格之间的关系没有产生显著影响。

此结论的重要意义在于，采用消费者数量少的交易组能够节约被试者，可以从有限的被试者中获得尽可能多的有效实验数据。

（二）拖延成本的影响

交易时，如果消费者不是立即购买，而是选择等待或者转而搜寻其他产品，则交易双方都需支付拖延成本。实验设计为此引入了衡量拖延成本的变量 δ。实验结果显示，当 δ 分别取值 0.1，0.9，1 时，企业的出价均值分别对应为 351.01 代币、387.92 代币、427.61 代币。这表明，当拖延成本逐次递减时，价格依次升高。这与上述实验文献结论相同。

进一步，为判断拖延成本的变化对外部选择与价格的关系是否有影响，进行了非参数检验，结果见表 5 – 3。

结果显示，当 δ 分别取值为 1，0.9 和 0.1 时，前三个分组的显著性水平都远小于 0.050，而第四个检验数组的显著性水平都远大于 0.050。这说明，不同数组的检验结果并不因变量 δ 的变化而有所改变。这一结果意味着，消费者的外部选择与价格之间的关系随着拖延成本的变化没有发生变化。

引论 5 – 2：消费者的外部选择与交易价格之间的关系，不因拖延成本变化而变化。

表 5 – 3　　　　　　拖延成本对外部选择与价格关系的影响

检验变量	检验方法	检验分组	检验结果	
$\delta = 1$	Kruskal-Wallis 检验	无外部选择、外生外部选择与内生外部选择	χ^2	19.624
			$Prob > |\chi^2|$	0.000
	Mann-Whitney 检验	无外部选择与外生外部选择	Z	– 3.945
			$Prob > |Z|$	0.000
		无外部选择与内生外部选择	Z	– 3.800
			$Prob > |Z|$	0.000
		外生外部选择与内生外部选择	Z	– 0.382
			$Prob > |Z|$	0.703

续表

检验变量	检验方法	检验分组	检验结果	
δ = 0.9	Kruskal-Wallis 检验	无外部选择、外生外部选择与内生外部选择	χ^2	30.037
			Prob > $\|\chi^2\|$	0.000
	Mann-Whitney 检验	无外部选择与外生外部选择	Z	−4.872
			Prob > $\|Z\|$	0.000
		无外部选择与内生外部选择	Z	−4.678
			Prob > $\|Z\|$	0.000
		外生外部选择与内生外部选择	Z	−0.744
			Prob > $\|Z\|$	0.457
δ = 0.1	Kruskal-Wallis 检验	无外部选择、外生外部选择与内生外部选择	χ^2	14.849
			Prob > $\|\chi^2\|$	0.001
	Mann-Whitney 检验	无外部选择与外生外部选择	Z	−3.271
			Prob > $\|Z\|$	0.001
		无外部选择与内生外部选择	Z	−3.632
			Prob > $\|Z\|$	0.000
		外生外部选择与内生外部选择	Z	−0.330
			Prob > $\|Z\|$	0.741

资料来源：笔者根据实验数据计算而得。

二、无外生外部选择、有外生外部选择和内生外部选择的静态均衡

在本节中，运用全样本首期的横截面实验数据对消费者的外部选择与交易价格之间的关系进行静态研究。

（一）非参数检验

对于消费者有外部选择，本章考虑外生外部选择和内生外部选择两种情况。将外部选择的估值作为外生变量时，是由电脑随机赋值；而将其作为内生变量时，是受市场中其他企业报价影响，由 $w_{it} = \delta \dfrac{\sum_{j=1}^{4}(v_{it} - p_{jt})}{4}$ $(j \neq i, j = 1, \cdots, 5)$ 决定的。即消费者对外部选择的估值 w_{it} 是衡量拖延成本的变量 δ 乘以本期消费者估值与其他四个企业报价差的均值。

实验结果表明，消费者分别在无外部选择、有外生外部选择和有内生外部选择时，企业出价的均值依次为 458.90 代币、354.89 代币和 352.75 代币。这说明，与没有外部选择相比，消费者有外部选择时，无论是作为外生变量还是内生变量，交易价格都明显较低。博德和皮西亚（Board and Pycia，2014）证明的结果是，当消费者有外部选择时，企业将保持垄断高价；本实验的结论与这一理论结果相矛盾。

为检验实验结果是否具有统计意义，现进行非参数检验，结果见表 5-4。

表 5-4   外部选择与价格

检验分组	检验方法	检验结果	
无外部选择、外生外部选择、内生外部选择	Kruskal-Wallis 检验	χ^2	65.493
		Prob > $\mid \chi^2 \mid$	0.000
无外部选择、外生外部选择	Mann-Whitney 检验	Z	−7.186
		Prob > $\mid Z \mid$	0.000
无外部选择、内生外部选择	Mann-Whitney 检验	Z	−7.116
		Prob > $\mid Z \mid$	0.000
外生外部选择、内生外部选择	Mann-Whitney 检验	Z	−0.472
		Prob > $\mid Z \mid$	0.637

资料来源：笔者根据实验数据计算而得。

表 5-4 显示，多样本的秩和检验显著性水平为 0.000，表明消费者无外部选择、有外生外部选择和有内生外部选择三种情况下，企业出价均值有着非常显著的差异；两两样本的进一步检验结果显示，前两组的显著性水平都为 0.000，两个样本对应的企业出价均值都存在显著差异；而最后一组的显著性水平为 0.637，则表明消费者有外生外部选择与有内生外部选择时，企业出价均值没有显著差异。另外，Z 值为负，表明是否有外部选择与企业定价之间存在反向变动的关系。

结论 5-1：消费者是否拥有外部选择，对交易价格有显著影响。但是，外部选择作为外生变量还是内生变量，对交易价格没有显著差异。

（二）参数检验

尽管上述分析保证了在统计学结果上的可靠性，但是，控制变量没有加入非参数检验中，这对于被试者决策的内在传导机制很难更精细地考察。为更好地检验外部选择与价格的关系，选取恰当的参数检验计量模型，可以控制其他外生变量，并且，可以考察各种效应的影响。对拖延成本不同的子样本实验数据和全样本实验数据，采用如下模型进行计量分析。

$$P_{ij} = \alpha + \beta_1 Exopt_{ij} + \beta_2 Enopt_{ij} + \lambda X_{ij} + \gamma Q_{ij} + U_i + V_j + \varepsilon_{ij} \qquad (5-1)$$

在式（5-1）中，P_{ij}表示企业 i 面对 j 情境①的出价，$Exopt_{ij}$，$Enopt_{ij}$是虚拟变量。当$Exopt_{ij}=0$，$Enopt_{ij}=0$时，表示消费者没有外部选择，在模型中作为对比组；当$Exopt_{ij}=1$，$Enopt_{ij}=0$时，表示消费者有外生外部选择；当$Exopt_{ij}=0$、$Enopt_{ij}=1$时，表示消费者有内生外部选择。X_{ij}表示，可能影响企业、消费者决策的个体特征控制变量，包括性别、月平均消费、是否考虑他人收益（他涉动机）等问卷中所包含的指标。Q_{ij}是消费者数量的场次虚拟变量，U_i表示个体的固定效应，V_j表示拖延成本的固定效应。采用 OLS 估计上述模型，结果见表5-5。

由表5-5可知，八个模型的 DW（Durbin-Watson）检验值都在 2 左右，显示出相邻两点的残差项之间相互独立，而非正相关或负相关，表明由八个回归模型所获得的结论是可靠的。

模型 1~模型 6 为不同拖延成本的子样本回归，模型 7 和模型 8 为全样本回归。其中，模型 1、模型 3、模型 5、模型 7 是基础模型，没有控制个体特征变量；模型 2、模型 4、模型 6、模型 8 逐步纳入控制变量，进行相应扩展。② 首先，控制了个体特征 X_{ij} 和消费者数量 Q_{ij} 建立拓展模型 2、模型 4、模型 6、模型 8；其次，在模型 7、模型 8 中进一步考虑了拖延成本的固定效应 V_j；最后，在模型 8 中，又纳入了个体的固定效应 U_i。

---

① j=1 表示被试者面对衡量拖延成本的变量 δ=1 的情境；j=2 表示 δ=0.9 的情境；j=3 表示 δ=0.1 的情境。

② 由这四个扩展模型还可以得到一些非常有意思的结论，如，女性比男性出价低；学生干部出价都较低；考虑对方收益（即有他涉动机）的企业出价也较低。

表 5 – 5

外部选择对价格影响的参数检验

被解释变量：价格

解释变量	δ=1 子样本		δ=0.9 子样本		δ=0.1 子样本		全样本	
	模型 1	模型 2	模型 3	模型 4	模型 5	模型 6	模型 7	模型 8
$Exopt_{ij}$	-117.543 *** (29.657)	-119.589 *** (29.901)	-126.114 *** (30.940)	-125.718 *** (32.176)	-108.194 *** (35.390)	-125.862 *** (35.514)	-117.688 *** (18.312)	-106.897 *** (20.542)
$Enopt_{ij}$	-107.864 *** (27.342)	-131.158 *** (28.378)	-121.719 *** (28.525)	-134.943 *** (30.592)	-111.35 *** (33.105)	-129.416 *** (33.760)	-114.049 *** (16.962)	-136.792 *** (19.863)
cons	490.114 *** (20.970)	622.171 *** (198.176)	466.129 *** (21.878)	274.233 (211.509)	432.28 *** (27.030)	67.661 (227.452)	436.528 *** (17.205)	-3008.771 (2137.054)
X_{ij}	NO	YES	NO	YES	NO	YES	NO	YES
Q_{ij}	NO	YES	NO	YES	NO	YES	NO	YES
V_j	NO	NO	NO	NO	NO	NO	YES	YES
U_i	NO	NO	NO	NO	NO	NO	NO	YES
F	10.14 (0.000)	2.13 (0.005)	11.30 (0.000)	1.68 (0.041)	6.41 (0.002)	2.02 (0.009)	17.30 (0.000)	2.21 (0.000)
Adj R²	0.071	0.082	0.079	0.051	0.047	0.082	0.085	0.241
DW 检验	2.041	1.954	2.162	2.035	2.048	2.088	2.050	1.999
N	240	240	240	240	220	220	700	700

注：标准误聚类在个体层面；F 行的括号中的值为显著性；*** 、** 和 * 分别表示在 1%、5% 和 10% 统计水平上显著。
资料来源：笔者根据实验数据计算而得。

　　结果显示，在所有八个模型中，$Exop_t$、$Enop_t$ 和 cons 都在 1% 的置信水平上显著，且变量 $Exop_t$ 和 $Enop_t$ 都为负值。这说明，企业对有外生外部选择的消费者与没有外部选择的消费者相比，出价显著降低；企业对有内生外部选择的消费者与没有外部选择的消费者相比，出价也显著降低。即企业对有内生外部选择和有外生外部选择的消费者与没有外部选择的消费者相比而言，价格都会降低。

　　结果显示，纳入个体特征变量 X_{ij}、个体固定效应 U_i、拖延成本固定效应 V_j 和消费者数量 Q_{ij} 之后的扩展模型，依然保持了非常良好的稳健性。从全样本模型 8 的结果来看，与没有外部选择的消费者相比，企业面临有外生外部选择的消费者时，出价降低了 106.897 代币。同样与没有外部选择的消费者相比，企业面临有内生外部选择的消费者时，出价降低了 136.792 代币。

　　结论 5 - 2：静态时，消费者有外部选择与没有外部选择相比，交易价格显著降低。此结果并不因其他因素的变化而变化，具有相当良好的稳健性。

三、无外生外部选择、有外生外部选择和有内生外部选择的动态拓展

　　为了探究消费者在有不同外部选择的交易环境下，交易价格的动态变化和跨期不一致性，本实验在 δ 取值为 0.9 和 0.1 时，设计了多期交易环境，其四期的变动趋势，如图 5 - 3 所示。

　　图 5 - 3 显示，在动态过程中，当企业面对无外部选择、有内生外部选择和有外生外部选择的消费者时，交易价格都随期数增加而降低，但是，降价的速度并非"一眨眼"，[①] 而是有逐渐趋于平稳的趋势。动态的变动过程表明，既没有保持垄断高价，也没有立即降至边际成本 MC（本

────────────

　　① 最初，是由科斯在阐述著名的科斯猜想（Coase conjecture）中使用的，表明价格下降到边际成本 MC 的速度之快。

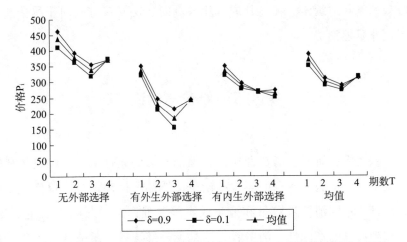

图 5 - 3 消费者有不同外部选择及拖延成本情境时价格的跨期动态趋势

资料来源：笔者根据实验数据计算而得。

章假设 MC = 0）的竞争水平，而是收敛到这两者之间的中间值。这与相关理论研究的结论都不完全相同。博德和皮西亚（2014）运用理论模型证明，消费者有外部选择时，企业在每一期都索要相同的垄断高价；而科斯（1972）与邦德和萨缪尔森（1984）从理论分析得出，随着期数的增加，垄断企业的定价几乎立即收敛到边际成本（MC）的竞争水平。

同时，由图 5 - 3 可以看出，当衡量拖延成本的变量 δ 分别取值为 1、0.9、0.1 时，在消费者有不同外部选择的情境下，交易价格的上述变动趋势并没有发生改变，因此，结果具有良好的稳健性。

此外，从图 5 - 3 中还可以观察到，当 δ 为 0.1 且有外生外部选择时，所有场次的所有交易组在前三期全都结束交易。追究原始数据发现，在 δ = 0.1、对于消费者无外部选择和有内生外部选择时，也存在交易期数短、结束快的现象。这是因为，当贴现因子为 0.1 时，拖延成本很高，随着期数增加，即使交易达成，双方的实际收益也非常少。因而，交易双方此时都不愿意选择等待而延迟消费。

结论 5 - 3：在跨期动态时，无论消费者拥有外部选择的情况如何，交易价格都随时间而下降，收敛于垄断高价与竞争价格之间的均衡值，其收敛速度相对缓慢。在拖延成本比较高时，交易双方倾向于尽快达成交易而非延迟消费。

第四节　结论与讨论

本章的实验研究了消费者在拥有外部选择的条件下，对经典的科斯定价理论进行检验。本章的实验结论是，外部选择导致交易价格显著降低，而且，不因消费者数量和拖延成本等其他因素的影响而发生变化，具有相当良好的稳健性。消费者无论是无外部选择，还是有（无论是内生外部选择或外生外部选择）外部选择，价格都随时间而不断降低，并收敛于完全垄断价格与完全竞争价格之间的一个均衡值。这个均衡值既非传统科斯猜想的竞争低价，也非存在外部选择时科斯猜想模型的垄断高价。

实验结果表明，假定消费者有外部选择后，经典的科斯猜想确实不成立；从静态均衡看，市场均衡价格既不是经典科斯猜想的等于边际成本的低价，也不是消费者有外部选择理论模型所推导得到的垄断高价，而是居于其间的一个价格；另外，从跨期的动态角度看，无论消费者是否拥有外部选择，均衡价格都随时间而下降，收敛于垄断高价与竞争价格之间的均衡值，其收敛速度相对缓慢。

究其原因，由于外部选择的存在，低估值消费者会转向其他外部选择而退出、出清低端市场。在持续博弈中，企业在定价时，不会令其价格低于延迟购买时消费者的最低净值，因为这会导致有钱不赚；拥有产品最低净值的消费者因此获得了零效用，会立即转向外部选择，这与其延迟购买的假设矛盾。因此，外部选择导致低估值类型的消费者退出，使消费者在需求集合里有正选择（positive selection）。如同在商场购物，较高价格更有可能导致低估值的消费者进入下一个摊位，而不是等待降价。

进一步而言，当消费者没有外部选择时，为进一步渗透市场、扩大产品的市场占有率，企业不断降低价格以使得低估值的消费者也能购买其产品。因此，对产品拥有低估值的消费者会选择延迟购买，等待企业降价。而当消费者有外部选择时，低估值的消费者如果都去执行外部选择而非延迟购买，意味着外部选择吸引了低估值的消费者，出清了低端市场，致使企业制定垄断高价。但是，有两种情况导致低估值的消费者可能不执行外部选择，而选择等待。其一，有些对当前产品估值低的消费者对外部选择的估值可能更低；其二，即使受到经济条件的制约，部分低估值的消费者对某种产品仍会有不变的、特殊的偏好，导致这部分消费者不考虑外部选择。考虑到这些消费者的存在，由于低端市场不能完全出清，为扩大市场份额、增加利润，企业会进行小幅降价。因此，消费者有外部选择的假设，削弱了企业的定价能力，使得企业定价低于垄断高价。

本章的实验结论很好地符合经济生活现实：考虑到消费者有外部选择，企业定价通常会比消费者没有外部选择时更低；在跨期交易时，企业定价的动态变化与正版软件的价格变化相符，作为边际成本几乎为零的软件产品，随时间变动，企业定价从比较高的价格，不断降价，但不会降低至几乎为零的边际成本的竞争水平；对于有等待成本的企业和消费者，为了尽快达成交易，更低的价格会成为均衡点。

企业为消费者提供更多选择，通过提供系列产品并不能保持原产品的垄断高价（如同理论模型所推导得出的结论），但是，可以通过提供系列产品满足口味多元化消费市场的需求、扩大产品占有市场的份额。很自然地，众多市场都会考虑对产品有着不同需求的潜在购买群。例如，有学龄孩子的家庭是对同一所房屋有着相似估值的群体，而退休人员群体对同一所房屋的估值不同。前者更看重学区内的学校质量，而后者更关注散步的步行街品质。房地企业可以通过开发不同楼盘满足不同潜在购买消费者对房屋的不同需求，以扩大销售份额而增加利润；但并不能通过给消费者提供更多选择来制定垄断高价而增加利润。这一结论对政府规制和反垄断提供了新的思路：不仅能够采取强制手段等方式限制企业制定垄断高价，还可以运用市场机制，尽可能为消费者提供其他选择，以削弱当前企业的定价能力。以房地产市场为例，可以为消费者提供安居工程、福利房等外部选择；又如，在电信市场，使其他电信企业准入、提供差异性的其他产品。

实验结论也在实践中得到了很好的印证。从 2014 年 OFO 共享小黄车正式创立，到 2017 年随处可见共享单车，虽然共享单车为消费者短距离出行提供了便捷、实惠的外部选择，却深刻影响了其他短途运营交通工具的收益。

当然，本章也存在研究缺陷。在实验中，无法完成无限期的交易，实际仅完成 T = 4 期。虽然有学者不考虑外部选择而进行市场实验时完成 T = 6 期或者 T = 8 期，并且，其动态趋势与本章基本一致，但在本质上都没有改变实验期数是有限的局限。另外，本章仅仅考虑了拖延成本，而未考虑转换成本。在搜寻过程中，消费者在不同产品之间转换，或者等待价格下降，这些都可能存在转换成本，对此可做进一步研究。此外，还可在两方面进行拓展研究：一是，外部选择在交易博弈的进程中出现，企业对此可能有察觉，也可能观察不到；二是，消费者有外部选择，导致社会整体福利水平的变化。

第六章 结 论

产品同质性假设是古典经济学延至现代经济学的一个重要问题。本书从制度经济学理论入手，为更符合自然形成市场的产品多元化本性，研究了市场交易制度视角下的消费者有外部选择的市场均衡价格变动。并且，在理论模型导出预测数值的基础上，通过实验寻找有效率的市场交易制度并检验经典科斯猜想定价理论，获得了新的有启发性的研究结论，丰富了经济学对这一问题的看法。

随着互联网日益发达和众多便捷网络交易平台的兴起，极大缩减的搜寻成本使消费者有动力搜寻更优价格的替代品。因此，消费者可以真实、有效地获得外部选择是对产品同质性简化假设进行的修正，使之更接近自然产生市场的产品多元化本性。除此之外，本书在系统化市场交易制度和市场交易环境之间关系的基础上，当市场环境发生变动时，还尝试设计了与之匹配的市场交易制度，即把市场交易制度作为可控的内生变量进行研究。

在实验方面，本书还可能有的创新之处是，运用实验探究消费者有无外部选择，以及有外生外部选择还是内生外部选择的各种不同情形下，市场交易价格的静态均衡和动态均衡，对经典的有外部选择的科斯定价理论和拓展的有外部选择的科斯定价理论进行检验。

最后，对本书的研究结论进行简单总结，并在此基础上提出研究不足和需要进一步研究的方向。

第一节　主要研究结论

本书的研究结论归纳起来，整理如下：

第一，梳理了市场交易制度与市场环境之间相互关系及消费者有外部选择的相关文献，发现：当市场环境发生变动时，设计与之匹配的市场交易制度来考察对绩效的影响，可将市场交易制度作为可控的内生变量；讨价还价作为最原始的基本交易制度，可对其加以改进，以便与变化的市场环境相匹配；对于消费者有外部选择的相关研究处于起步阶段，且结论颇有分歧。

第二，在理论模型的研究中，得出的两部分结论是后续进行实验的理论基础。在第一博弈中，双边不完全信息的讨价还价博弈存在唯一的纳什均衡。如果卖方认为买方是高估值类型，且买方的信念不足够高，则低成本的卖方在第一期报出低价；如果卖方认为买方是高估值类型，且买方的信念足够高，并且如果卖方关于买方是高估值类型，且买方的先验值足够低，则高估值的买方在第一期接受高价。如果所有条件都不成立，则均衡是混合策略。而在买方有外部选择的双边不完全信息的讨价还价博弈中，关于外部选择的信息是对称的。如果 $y_{hv}^* < p_1$，则高估值买方在 $t = 1$ 期执行外部选择，并遵循保留价格策略。如果 $y_{hv}^* \geq p_1$，且至少满足 $y_{hv}^* \leq p_h$ 和 $\pi_b^0 \leq \bar{\pi}_b$ 这两个条件之一，在 $t = 1$ 期，低成本卖方和高估值买方同意低报价；如果这两个条件都不成立，那么，若 $\pi_s^0 \leq \bar{\pi}_s$，则低成本卖方和高估值买方同意高报价，否则，在纯策略中不存在均衡。由此，得出简单而有用的结论，在买方有外部选择的讨价还价博弈的均衡路径上，如果关于外部选择的信息是对称的，那么买方永远不会返回去讨价还价。

而第二博弈考察了消费者有外部选择的条件下的科斯猜想定价。在这个博弈中，买方有外部选择，每一期都可以行使，要么放弃搜寻，要么转向另一个卖方。外部选择导致低估值买方退出市场，而不是推迟消费，因而抵消了导致科斯猜想的负选择。这有一个明显的效果是：存在唯一均衡，即卖方在每一期收取垄断高价，买方要么立即购买，要么退出。

第三，在实验的设计方面，由于互联网发达使消费者能够真实有效地获得更多选择，导致市场交易环境变化，为了与之相匹配，应当对市场交易制度改进。因此，探讨搜寻是否有效率、在讨价还价基本交易制度中引入搜寻过程是否合理。

对于讨价还价中的两个关键要素——外部选择和信息，通过实验探究其对讨价还价的影响。研究不完全信息下单一卖方与单一买方交易的两种博弈，即买方没有外部选择和买方可以搜寻外部选择的讨价还价实验。

在买方没有外部选择的博弈实验中，依据理论模型及假设推导出理论预测值，通过比较，不同配对类型交易的实验结果与所得理论预测是一致的。达成协议的比例、时期和收益分配与理论预测也是一致的，所有参与人都可以通过达成协议获得正利润。实验结果表明，就达成协议比例而言，与理论预测相反，达成比例并不独立于谈判收益的大小。而高成本卖方与低估值买方配对类型极少能够达成协议，表明互利交易是不可能的。

当买方没有外部选择，买方和卖方分别归属三种不同类型时，交易策略不同。就风险类型而言，如果卖方是规避风险类型，低成本卖方则直接报出低价；高成本卖方总是报出高价。如果买方属于风险偏好类型，高估值买方在第一期只接受低价，在第二期接受所有报价；而低估值买方全都接受低价、拒绝高价。如果买卖双方都属于预测类型，低成本卖方报出高价，在第二期接受低价；高估值买方接受所有报价。如果同属于调整类型，买卖双方都会依据过去经验做出最优反应。从而，作为先行者，卖方需要预测买方决定，利用经验估计买方接受高价，相比依赖于外生给定的先验预测，能更好地解释观察到的卖方行为。

在买方有外部选择的搜寻博弈实验中，令外部选择的质量呈现出"好的"和"坏的"两种不同类型。无论实验局中外部选择的"好坏"，高估值买方和低估值买方的结果都与理论预测相同，买方选择搜寻，并且搜寻所获利润高于讨价还价的利润。但是，当折现系数比较大时，所获得的实际利润后期下降。

当买方有外部选择时，买卖双方交易策略因分属三种不同类型而不同。就风险类型而言，如果卖方是风险偏好类型，则低成本卖方报出高价，在第二期接受低价；高成本卖方总是报出高价。如果买方属于风险规避类型，则高估值买方接受所有报价；而低估值买方总是执行其他外部选择。如果买卖双方都属于预测类型，低成本卖方报出低价；高估值买方接受低价，否则执行其他外部选择。如果同属于调整类型，买卖双方都会依据过去经验做出最优回应。

第四，尽管此实验设计没有足够空间揭示社会偏好，被试者选择比无外部选择时低的投入成本来避免极端不对称的结果。然而，这似乎并没有对于大量达成的协议给出令人信服的解释。当外部选择是"好的"时，高估值的买方近一半选择去搜寻，揭示出被试者几乎不关心谈判伙伴是否获得零回报。当外部选择是"坏的"时，买方执行外部选择的比例下降显著下降。这表明，被试者非常看重决策问题中的机会成本，因而公平结果似乎并非决策的决定性因素。不难看出，即使交易伙伴获得的收益为零，绝大多数低估值买方仍然倾向于执行外部选择。

为了给予讨价还价结果一个合理的解释，运用交易者关于对方的行为有"自我信念"的思想，观察买方对卖方报价的反应，看卖方是否与买方一致。在成本较低的情况下，卖方没有真实激励将其初始报价改为低价。事实上，卖方初始报价并没有随时间而显著变化；超过2/3的高估值买方接受高出价，这证实了卖方对自己行为的自我信念是完全正确的。

从实验中观察到，买方搜寻行为比接受外部随机报价更有效。搜寻外部选择的平均利润与抽取外部选择的平均利润相比，有显著差异。因此，即使搜寻行为本身不是最优的，但至少在回报效率方面是相当成功的。与前面搜寻实验结果一致，此结果不因参与人经验的变化而变化。

为了进一步证实搜寻行为的驱动因素是风险规避而不是满足感，搜寻实验检验了被试者在搜寻过程中，是否倾向于接受超过谈判阶段所拒绝过的最高报价；同时，对贴现因子进行调整。假定某个特定的外部选择被接受，若其报价低于谈判时被拒绝的第一个报价，交易数量明显超过了高于第一个外部报价的交易数量。这是搜寻过程中的风险规避，而不是为了达到一定利润水平的行为。

第五，在没有外部选择的实验局中，评估理论模型对数据的解释程度，计算观测值与其分配类型行为的准确对应程度——卖方和买方分别达到了83.1%和81.4%的准确预测。在优质外部选择的实验局中，卖方准确预测率为88.9%和买方准确预测率达90.7%；在劣质外部选择的实验局中，也同样获得了很高的预测率，卖方为91.4%、买方为86.3%。

尽管搜寻率总体上低于预期，但是实验显示外部选择的优劣确实很重要。外部选择质量越好，买方选择搜寻并且博弈在搜寻阶段结束的比例就越高。无论外部选择的优劣，超过2/3的买方更倾向于选择确定的较低收益，而不是选择较高的预期搜寻收益。

总的来说，实验结果证实了买方搜寻非常有效。大量观察到的搜寻效果表明，尽管情况不确定并且相对复杂，但被试者仍然能够做出非常正确的决定。这些结果显示出搜寻是有效率的、将搜寻引入交易过程是合理的。在此基础上，下一个实验检验了经典科斯猜想和买方有外部选择的科斯猜想。

第六，由上一个实验结论，我们发现，在交易制度中引入搜寻过程是合理的。作为本书的核心，通过最后的实验研究了消费者在拥有其他外部选择的条件下，对现代微观经济理论基石——经典科斯定价理论进行了拓展检验。结果表明：假定消费者有其他外部选择后，经典的科斯猜想确实不成立。从静态均衡看，市场均衡价格既不是经典科斯猜想的等于边际成本的低价，也不是消费者有外部选择理论模型所推导得到垄断高价，而是居于中间的一个价格；另外，从跨期的动态角度看，无论消费者是否拥有外部选择，均衡价格都随时间而下降，收敛于垄断高价与竞争价格之间的均衡值，其收敛速度相对缓慢。这一结果不因消费者数量和拖延成本等其他因素的影响而发生变化，具有非常良好的稳健性。

　　究其原因，由于外部选择的存在，低估值消费者会转向外部选择而退出低端市场。在连续博弈中，企业定价时，不会令其价格低于延迟购买消费者的最低净值，因为这会导致有钱不赚；最低净值的消费者因此获得零效用，会立即转向外部选择，这与其延迟购买矛盾。因此，外部选择导致低估值类型退出，使消费者需求有正选择。如同商场购物，较高价格更有可能导致低估值的消费者进入下一个摊位而不是等待降价。

　　进一步探究发现，当消费者没有其他外部选择时，为进一步渗透市场、扩大产品的市场占有率，企业不断降价促使低估值的消费者购买其产品。因此，低估值消费者选择延迟购买，等待企业降价。而当消费者有其他外部选择时，如果低估值购买者执行外部选择而非延迟购买，意味着外部选择吸引了低估值的消费者，出清了低端市场，导致企业降价毫无意义而保持垄断高价。

　　但是，有两种情况导致低估值的消费者可能不执行外部选择，而选择等待。其一，有些对当前产品估值低的消费者对其他外部选择的估值可能更低；其二，即使受到经济条件的制约，部分低估值的消费者对某种产品仍会存在不变的、特殊的偏好，导致这部分消费者不考虑其他外部选择。考虑到这些消费者的存在，低端市场不完全出清，为扩大市场份额、增加利润，企业会进行小幅降价。因此，消费者有其他外部选择的假设削弱了企业的定价能力，使得企业定价低于垄断高价。

　　不难看出，此实验结论很符合经济现实：考虑到消费者有其他可供选择的产品，企业定价通常会比消费者没有外部选择时更低；在跨期交易时，企业定价的动态变化与微软正版软件的价格变化相符，作为边际成本几乎为零的软件产品，随时间变动，企业定价从高价开始，不断降价，但不会降低至几乎为零的边际成本的竞争水平；对于有等待成本的企业和消费者，为了尽快达成交易，更低的价格会成为均衡点。

第二节　不足之处及进一步研究方向

当然，本书的研究也存在缺陷。首先是实验本身的局限。

其一，实验中无法完成无限期的交易，实际完成有限的 T = 4 期。虽然有的学者在不考虑外部选择的情况下，进行市场实验时完成了 T = 6 期或者 T = 8 期，并且其动态趋势与本书基本一致，但在本质上都没有突破实验期数有限的局限。

其二，实验室内的支付一般总是远低于经济理论通常适用的真实经济环境中的支付，这也是导致人们对实验结果持怀疑态度的一个原因。

这也就是说，虽然没有理由认定我们在实验室中利用小额金钱进行实验时观察到的提议所占的百分比是普遍适用的常量，但是同样也没有理由假设实验室实验中发现的那些没有预测到的现象在数额超过某个阈值后就会消失。其实，只需要比较现有实验的结果，我们就可以确认，在奖赏尺度发生了改变后，仍然可以观察到类似的现象。

此外，我们还可在以下三个方面进行拓展研究。

一是，外部选择可以出现在交易博弈的进程中，卖方对此可能有察觉也可能观察不到。

二是，在搜寻过程中，仅考虑了拖延成本，而未考虑转换成本。当有些消费者在不同的产品之间转换而另一些消费者等待价格下降时，可能存在转换的成本，对此可以做进一步研究。

三是，在双边不完全信息的讨价还价行为模型中，发现买卖双方的行为基本一致，但本书的设计不能清晰地将风险规避与自我信念分开来解释观察到的数据，这可作为未来研究的一项任务。

附　录

请您按编号入座对应的计算机，您所抽到的计算机编号为_____。

实验说明

欢迎您参加实验！您正在参与买卖双方在市场上交易的实验。请您仔细阅读本实验说明。如果您准确理解了实验并且能够做出明智的决定，您将会获得相当数量的现金。

实验前的注意事项：

（1）为了实验有序正常进行，请您听从实验员的统一安排，先不要操作计算机。实验现场请您保持安静，直到您离开实验室。在实验过程中严禁与他人有任何形式的交流，否则，实验将会终止。如果您有任何问题，请向实验员举手示意，我们会立刻单独解答您提出的问题。

（2）实验报酬：您在实验决策过程中所获得总收益（以代币计算）将会按照100代币＝1元人民币换算成现金，再加上15元的出场费就是您在本次实验中最终收获的实验报酬。

（3）匿名性：您在实验操作过程中的决策完全是匿名的，别人无法知道您的决策是谁做出的，您也无法知道别人的决策是谁做出的。

（4）隐私性：本次实验中您的个人信息和决策信息我们将会严格保密，整个实验过程不会要求记录也不需要您的名字或学号信息。在所有实验环节完成后，请您坐在原位稍等片刻暂时不要离开，我们会叫到您的计算机编号，实验员会单独给您一份装有您所获得的实验报酬（现金）的信封，您获得了多少实验报酬其他人无法知道，同样，您也无法知晓其他人的实验报酬。

实验流程：

任务局一：（一个卖方和五个买方。）

在产品售卖的起始期，卖方先出价 p_1，买方再依据电脑随机赋予的对此卖方产品估值 v（v 只有买方自己知道）进行选择。所有卖方出价及买方选择决策行为都是公开的。

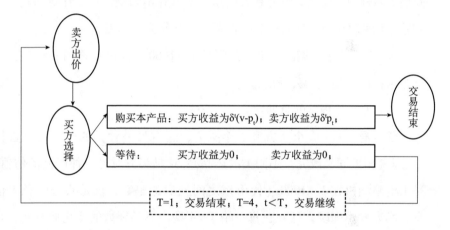

注：

① δ 是折扣系数，表示对每一期都折扣部分收益的程度，取值范围为 0 ~ 1 区间。例如，第一期买方选择购买后，获得的收益为 δ（v − p_1），卖方获得的利润为 δp_1。

<u>请注意</u>：为了方便，折扣是从第一期计算，随着时期的增加，由于折扣损失的收益就会越多，同时，剩余的收益就越少。

例如，在总期数 T = 4 时，买方等待到第 3 期 t = 3 时，如果此时 δ = 0.9，v = 300，p_3 = 100，买方选择购买，则：

买方收益为 δ^3（v − p_3）= 0.9 × 0.9 × 0.9 ×（300 − 100）= 145.8

（代币）。

卖方收益为 $\delta^3 p_3 = 0.9 \times 0.9 \times 0.9 \times 100 = 72.9$ （代币）。

例如（收益见任务局二）（仅以选择购买为例），在总期数 $T = 4$ 时，买方等待到第 2 期 $t = 2$ 时，如果此时 $\delta = 0.1$，$v = 900$，$w = 100$，$p_3 = 750$，买方选择购买，则：

买方收益为 $\delta^2 (v - p_2) = 0.1 \times 0.1 \times (900 - 750) = 1.5$ （代币），

卖方收益为 $\delta^2 p_2 = 0.1 \times 0.1 \times 750 = 7.5$ （代币）。

②v 是买方对卖方产品的估值，是由计算机随机在 1～1000（代币）之间抽取的整数，仅是买方的私人信息，卖方并不知晓，且 v 在每一轮 $T = 4$ 期内不随期数的变化而改变，直到一轮交易完全结束。

③p_t 是卖方在 t 期的报价，范围是 1～1000（代币）之间的整数，一旦报出价格，便成为公开信息。

④T 为产品售卖的总期数。

任务局二：（一个卖方和五个买方；还有另一<u>种类</u>的产品可以选择（可以是相近同类或完全不同类的产品）；w 是买方对另一种产品的估值，是由电脑随机在 1～1000（代币）之间抽取的整数，仅是买方的私人信息，卖方并不知晓，且 w 在每一轮 $T = 4$ 期内不随期数的变化而改变，直到一轮交易完全结束。）

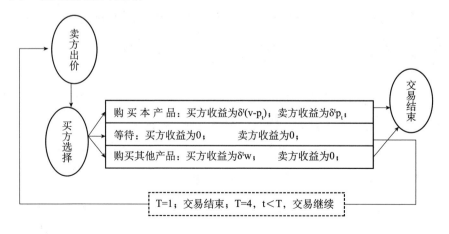

任务局三：（五个卖方和五个买方；$w_t = \delta \dfrac{\sum\limits_{j=1}^{4} p_j}{4} (j \neq i)$，即 w_t 为折扣系数 δ 乘以其他四个卖家出价的均值。）

在初始期，电脑将买方和卖方一对一随机配对，进入交易。

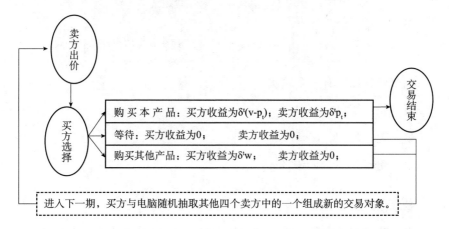

任务局三和任务局二的区别是：作为买方，如果您选择了"购买其他产品"，不会结束交易并将收益计入总收益，而是会进入下一期。在新的一期，电脑将您这个买方与其他四个卖方随机配对，进行新一期的"卖方出价——买方选择"的交易，直到您这个买方与所对应的卖方成功交易，买卖双方的收益才会被计入总收益。

主要基本界面：

卖方出价：

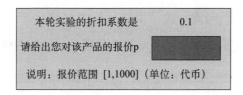

买方购买决策：

本轮实验的折扣系数是	0.1
卖方给出的报价p是：	234
你对该产品的评估v是：	541
你对其他卖方产品的估价w是：	193
你的决定是：	○ 购买本产品
	○ 等待
	○ 购买其他卖方的产品

每个任务局都有三个轮次：

第一轮：$T=1$，$\delta=1$；

第二轮：$T=4$，$\delta=0.9$；

第三轮：$T=4$，$\delta=0.1$；

基本信息：

本实验为简单方便，假定产品的生产成本为0，多生产一单位产品成本也为0；每个卖方只生产、出售一类产品，卖方可以提供足够的产品，本实验的买方在每一轮中最多只能购买一个产品。

在每一轮次开始时，您都将被计算机重新随机分组和决定为卖方或是买方。各个实验组之间是相互独立的。也就是说，在每一轮您的收益只取决于本组内成员的决策，与其他小组的行为没有关系。

在买方和卖方的决策界面中，"历史记录"将为您显示此前每一期的出价，以及是否有交易成功的信息。

决策之后，在当期或一轮结束之后的收益显示界面中，都会显示出您在当期、每轮次及每一个任务局的总收益（以代币为单位）。

为了您的收益，请您仔细考虑后做出决策。

谢谢您的参与。

祝您好运！

提醒：

1. 请您在每一局即将结束时，<u>将显示的每一局的总收益（共三局）</u><u>记录在《收益登记表》中</u>；实验员在实验结束后，把《收益登记表》收回，与主机信息对照并计算为现金总收益。请您在实验员叫到您的编号后，领取现金并签字。

2. 若程序运行过程中出现白屏，那是程序在后台运行，请耐心等待。

收益登记表：（您抽取的编号为：　　　　　）

入场费 （元）	第一局收益 （代币）	第二局收益 （代币）	第三局收益 （代币）	各局总计 （代币）	您的总收益 （元）
15 元					15 + ＿＿＿ ＝

核对无误后，请签字。

参考文献

［1］党力，张彧和彭程. 外部选择权增加一定会刺激专用性投资吗——基于云南烟草合同的微观证据［J］. 经济理论与经济管理，2016（5）：68－83.

［2］董占奎，黄登仕. 社会网络环境下工作搜寻行为实验研究［J］. 管理科学学报，2013（7）：1－12.

［3］杜宁华. 实验经济学［M］. 上海：上海财经大学出版社，2008：7.

［4］龚强. 消费者谈判能力与厂商标价策略模型及基于实验经济学的检验［J］. 经济学（季刊），2009，8（4）.

［5］［美］亚当·斯密. 道德情操论［M］. 谢宗林译，北京：中央编译出版社，2008：295.

［6］［美］亚当·斯密. 国民财富的性质与原理（第1卷）［M］. 赵东旭，丁毅译. 北京：中国社会科学出版社，2007：45.

［7］［美］约翰. R，康芒斯. 制度经济学［M］. 北京：商务印书馆，2010.

［8］Abbink K., Bolton G. E., Sadrieh A., et al. Adaptive Learning Versus Punishment in Ultimatum Bargaining［J］. *Games and Economic Behavior*, 2001, 37（1）：1－25.

［9］Alvard M. *The Ultimatum Game, Fairness, and Cooperation Among Big Game Hunters*［M］. Henrich J：Foundations of Human Sociality, 2000.

［10］Anderson S. P., Régis R. Pricing, Product Diversity, and Search Costs：A Bertrand-Chamberlin-Diamond Model［J］. *RAND Journal of Economics*,

1999, 30 (4): 719 –735.

［11］ Ausubel L. M. , Deneckere R. J. A Direct Mechanism Character-ization of Sequential Bargaining with One Sided Incomplete Information ［J］. *Journal of Economic Theory*, 1989, 48 (1): 18 –46.

［12］ Ausubel L. M. , Raymond J. Deneckere. One Is Almost Enough for Monopoly ［J］. *RAND Journal of Economics*, 1987, 18 (2): 255 –274.

［13］ Ausubel L. M. , Raymond J. Deneckere. Reputation in Bargaining and Durable Goods Monopoly ［J］. *Econometrica*, 1989, 57 (3): 511 –531.

［14］ Baucells M. , Lippman S. A. Bargaining with Search as An Outside Option: The Impact of the Buyer's Future Availability ［J］. *Decision Analysis*, 2004, 1 (4): 235 –249.

［15］ Bester H. Bargaining, Search Costs and Equilibrium Price Distributions ［J］. *The Review of Economic Studies*, 1988, 55 (2): 201 –214.

［16］ Bikhchandani S. A Bargaining Model with Incomplete Information ［J］. *Review of Economic Studies*, 1992, 59 (1): 187 –203.

［17］ Binmore K. , Michele P. and Larry S. Evolutionary Stability in Alternating-offers Bargaining Games ［J］. *Journal of Economic Theory*, 1998, 80 (2): 257 –291.

［18］ Binmore K. , Proulx C and Samuelson L. et al. Hard Bargains and Lost Opportunities ［J］. Econ. J, 1998 (108): 1279 –1298.

［19］ Binmore K. , Rubinstein A. , and Wolinsky A. The Nash Bargaining Solution in Economic Modelling ［J］. *The RAND Journal of Economics*, 1986, 17 (2): 176 –188.

［20］ Binmore K. , Shaked A. and Sutton J. An outside Option Experiment ［J］. *The Quarterly Journal of Economics*, 1989: 753 –770.

［21］ Binmore. An outside Option Experiment ［J］. *Quarterly Journal of Economics*, 1989 (104): 753 –770.

[22] Board S. , Pycia M. Outside Options and the Failure of the Coase Conjecture [J]. *The American Economic Review*, 2014, 104 (2): 656 –671.

[23] Bolton, G. E. A Comparative Model of Bargaining: Theory and Evidence [J]. *American Economic Review*, 1991 (81): 1096 –1136.

[24] Bolton G. , Ockenfels A. A Theory of Equity, Reciprocity and Competition [J]. *Amer. Econ.* Rev, 2000 (90): 166 –193

[25] Bolton G. , Zwick R. Anonymit versus Punishment in Ultimatum Bargaining [J]. *Games E-conomic Behavior*, 1995 (10): 95 –121.

[26] Bond E. W. , Samuelson L. Durable Good Monopolies with Rational Expectations and Replacement Sales [J]. *RAND Journal of Economics*, 1984, 15 (3): 336 –345.

[27] Braunstein Y. M. , Schotter A. Labor Market Search: An Experimental Study [J]. *Economic Inquiry*, 1982, 20 (1): 133 –144.

[28] Camerer C. , Thaler R. H. Anomalies: Ultimatums, Dictators and Manners [J]. *Journal of Economic Perspectives*, 1995 (9): 209 –219.

[29] Camerer C. , Weigelt K. Experimental tests of a Sequential Equilibrium Reputation Model [J]. *Econometrica*, 1988 (56): 1 –36.

[30] Carpenter J. , McAndrew R. Fairness, Escalation, Deference, and Spite: Strategies Used in Labor-management Bargaining Experiments with outside Options [J]. *Lab. Econ*, 2003 (10): 427 –442.

[31] Carpenter J. , Rudisill M. Fairness, Escalation, Deference, and Spite: Strategies Used in Labor Management Bargaining Experiments with outside Options [J]. *Labour Economics*, 2003, 10 (4): 427 –442.

[32] Chatterjee K. , Samuelson L. Bargaining under Two-sided Incomplete Information: The Unrestricted Offers Case [J]. *Operations Res*, 1988 (36): 605 –618.

[33] Chatterjee K. , Samuelson L. Bargaining with Two-sided Incomplete

Information: An Infinite Horizon Model with Alternating Offers [J]. *Rev. Econ. Stud*, 1987 (54): 175 – 192.

[34] Chikte S. D. , Deshmukh S. D. The Role of External Search in Bilateral Bargaining [J]. *Operations Research*, 1987, 35 (2): 198 – 205.

[35] Clower R. , Leijonhufvud A. The Coordination of Economic Activities: A Keynesian Perspective [J]. *The American Economic Review*, 1975, 65 (2): 182 – 188.

[36] Coase R. H. Durability and Monopoly [J]. *JL and Econ*, 1972, 15,: 143.

[37] Coppinger V. M. , Smith V. L. and Titus J. A. Incentives and Behavior in English, Dutch and Sealed-Bid Auctions [J]. *Economic Inquiry*, 1980, 18 (1): 1 – 22.

[38] Costa-Gomez M. , Crawford V. P. and Broseta B. Cognition and Behavior in Normal-form Games: An Experimental Study [J]. *Econometrica*, 2001 (69): 1193 – 1235.

[39] Cox J. , Oaxaca R. Direct Tests of the Reservation Wage Property [J]. *Econ. J*, 1989 (102): 1423 – 1432.

[40] Cox J. , Oaxaca R. Good News and Bad News: Search from Unknown Wage Offer Distributions [J]. *Exper. Econ*, 2000 (2): 197 – 225.

[41] Cox J. , Oaxaca R. Laboratory Experiments with a Finite Horizon Job Search Model [J]. *J. Risk Uncertainty*, 1989 (2): 301 – 329.

[42] Cox James C. , Ronald L. Oaxaca. Good News and Bad News: Search From Unknown Wage Offer Distributions [J]. *Experimental Economics*, 2000, 2 (3): 197 – 225.

[43] Cox, James C. , and Ronald L. Oaxaca. Unemployment Insurance and Job Search [J]. *Research in Labor Economics*, 1990 (2): 223 – 240.

[44] Cramton. , Peter C. Dynamic Bargaining with Transaction Costs

[J]. *Management Science*, 1991, 37 (10): 1221 – 1233.

[45] da Silva R. , Kellermann G. A. Analysing the Payoff of Heterogenous Population in the Ultimatum Game [J]. *Brazilian Journal of Physics*, 2007, 37 (4): 1206 – 1211.

[46] Davis D. D. , Holt C. A. Market Power and Mergers in Laboratory Markets with Posted Prices [J]. *The Rand Journal of Economics*, 1994: 467 – 487.

[47] Deneckere R. , Liang M. Y. Bargaining with Interdependent Values [J]. *Econometrica*, 2006: 1309 – 1364.

[48] Diamond, Peter A. A Model of Price Adjustment [J]. *Journal of Economic Theory*, 1971, 3 (2): 156 – 68.

[49] Fehr E. , Schmidt K. A Theory of Fairness, Competition and Cooperation [J]. *Quart. J. Econ*, 1999 (114): 817 – 868.

[50] Fehr N. H. M. , Kühn K. U. Coase versus Pacman: Who Eats Whom in the Durable Goods Monopoly? [J]. *Journal of Political Economy*, 1995: 785 – 812.

[51] Feri F. , Anita G. Bargaining or Searching for a Better Price [J]. *Games and Economic Behavior*, 2011, 72 (2): 376 – 399.

[52] Fiorina M. P. , Plott C. R. Committee Decisions under Majority Rule: An Experimental Study [J]. *American Political Science Review*, 1978, 72 (2): 575 – 598.

[53] Fischbacher U. Z-tree: Zurich Toolbox for Ready-made Economic Experiments [J]. *Exper. Econ*, 2007 (10): 171 – 178.

[54] Fischbacher U. z-Tree: Zurich Toolbox for Ready-made Economic experiments [J]. *Experimental economics*, 2007, 10 (2): 171 – 178.

[55] Fiske A. P. Structures of social life: *The Four Elementary Forms of Human Relations: Communal Sharing, Authority Ranking, Equality Matching, Market Pricing* [M]. New York, N. Y. , US: Free Press, 1991.

［56］Forsythe R. , Horowitz J. L. and Savin N. E. , et al. Fairness in Simple Bargaining Experiments ［J］. *Games and Economic Behavior*, 1994 (6): 347 – 369.

［57］Fouraker L. E. , Siegel S. Bargaining Behavior ［M］. New York: McGraw-Hill, 1963.

［58］Friedman J. W. , Hoggatt A. C. *An Experiment in Noncooperative Oligopoly* (*Vol.* 1), JAI Press (NY) . 1980

［59］Fuchs W. , Skrzypacz A. Bargaining with Arrival of New Traders ［J］. *The American Economic Review*, 2010: 802 – 836.

［60］Fudenberg D. , Levine D. Subgame-Perfect Equilibria of Finite and Infinite-Horizon Games ［J］. *Journal of Economic Theory*, 1983, 31 (2): 251 – 268.

［61］Fudenberg D. , Tirole L. J. Incomplete Information Bargaining with Outside Opportunities ［J］. *The Quarterly Journal of Economics*, 1987, 102 (1): 37 – 50.

［62］Gale J. , Binmore K. B. and Samuelson L. Learning to be Imperfect: the Ultimatum Game ［J］. *Games and Economic Behavior*, 1995 (8): 56 – 90.

［63］Gantner A. Bargaining, Search and outside Options ［J］. *Games and Economic Behavior*, 2008, 62 (2): 417 – 435.

［64］Gantner A. , Güth W. and Knigstein M. Equitable Choices in Bargaining Games with Joint Production ［J］. *J. Econ. Behav. Organ*, 2001 (46): 209 – 225.

［65］Goodfellow J. , Plott C. R. An Experimental Examination of the Simultaneous Determination of Input Prices and Output Prices ［J］. *Southern Economic Journal*, 1990: 969 – 983.

［66］Grant S. , Kajii A. and Menezes F. et al. Auctions with Options to Re-Auction ［J］. *International Journal of Economic Theory*, 2006, 2 (1):

17 – 39.

[67] Grether D. M. , Plot C. R. The Effects of Market Practices in Oligopolistic Markets: An Experimental Examination of the Ethyl Case [J]. *Economic Inquiry*, 1984, 22 (4): 479 – 507.

[68] Grossman P. , Eckel C. Altruism in Anonymous Dictator Games [J]. *Games Economic Behavior*, 1996 (16): 181 – 191.

[69] Gul F. Noncooperative Collusion in Durable Goods Oligopoly [J]. *RAND Journal of Economics*, 1987, 18 (2): 248 – 254.

[70] Gul F. , Sonnenschein H and Wilson R. Foundations of Dynamic Monopoly and the Coase Conjecture [J]. *Journal of Economic Theory*, 1986, 39 (1): 155 – 190.

[71] Güth W. , Huck S. and Muller W. The Relevance of Equal Splits in Ultimatum Games [J]. *Games and Economic Behavior*, 2001 (37): 161 – 169.

[72] Güth W. , Ockenfels P. and Ritzberger K. On Durable Goods Monopolies an Experimental Study of Intrapersonal Price Competition and Price Discrimination over Time [J]. *Journal of Economic Psychology*, 1995, 16 (2): 247 – 274.

[73] Güth W. , Schmittberger R and Schwarze B. An Experimental Analysis of Ultimatum Bargaining [J]. *J. Econ. Behav. Organ*, 1982 (3): 367 – 388.

[74] Handgraaf M. J. J. , Van Dijk E. , Wilke H. A. M. et al. The Salience of a Recipients Alternatives: Inter-and Intrapersonal Comparison in Ultimatum Games [J]. *Organizational Behavior and Human Decision Processes*, 2003 (90): 165 – 177.

[75] Harrison G. W. Predatory Pricing in a Multiple Market Experiment: A Note [J]. *Journal of Economic Behavior and Organization*, 1988, 9 (4): 405 – 417.

[76] Hendel I. , Aviv N. Intertemporal Price Discrimination in Storable

Goods Markets ［J］. *The American Economic Review*, 2013, 103 (7): 2722 – 2751.

［77］Hey J. Still Searching ［J］. *Journal of Economic Behavior & Organization*, 1987, 8 (1): 137 – 144.

［78］Hoffmann E. , Spitzer M. L. Entitlements, Rights and Fairness: An Experimental Examination of Subjects' Concepts of Distributive Justice ［J］. J. *Legal Stud*, 1985 (14): 259 – 297.

［79］Hoffmann E. , Spitzer M. L. The Coase Theorem: Some experimental tests ［J］. J. *Law Econ*, 1982 (25): 73 – 98.

［80］Hoggatt A. C. An Experimental Business Game ［J］. *Behavioral Science*, 1959, 4 (3): 192 – 203.

［81］Hoggatt A. , Selten R. , and Crockett D. et al. Bargaining Experiments with Incomplete Information ［J］. *Sauermann*, H. (Ed.), Contributions in Experimental Economics, J. C. B Mohr, Tübingen, 1978 (7): 127 – 178.

［82］Hong J. T. , Plott C. R. Rate Filing Policies for Inland Water Transportation: An Experimental Approach ［J］. *The Bell Journal of Economics*, 1982: 1 – 19.

［83］Hurwicz L. *Optimality and Informational Efficiency in Resource Allocation Processes* ［M］. *Stanford University Press*, 1960: 27 – 46.

［84］Hurwicz L. The Design of Mechanisms for Resource Allocation ［J］. *The American Economic Review*, 1973, 63 (2): 1 – 30.

［85］Isaac R. M. , Plott C. R. The Opportunity for Conspiracy in Restraint of Trade: An Experimental Study ［J］. *Journal of Economic Behavior and Organization*, 1981, 2 (1): 1 – 30.

［86］Jarecki H. G. Bullion Dealing, Commodity Exchange Trading and the London Gold Fixing: Three Forms of Commodity Auctions ［J］. *Bidding and Auctioning for Procurement and Allocation*, 1976: 146 – 154.

［87］Jung Y. J. , Kagel J. H. and Levin D. On the Existence of Predatory Pricing: An Experimental Study of Reputation and Entry Deterrence in the Chain-Store Game ［J］. *The Rand Journal of Economics*, 1994 : 72 – 93.

［88］Kagel J. , Kim C. , and Moser D. Fairness in Ultimatum Games with Asymmetric Information and Asymmetric Payoffs ［J］. *Games and Economic Behavior*, 1996 (13): 100 – 110.

［89］Kagel J. H. , Alvin E. R. *The Handbook of Experimental Economic* ［M］. Princeton: N. J. Princeton university press, 1995.

［90］Kagel J. H. , Ronald M. Harstad & Dan Levin. Information Impact and Allocation Rules in Auctions with Affiliated Private Values: A Laboratory Study ［J］. *Econometrica: Journal of the Econometric Society*, 1987: 1275 – 1304.

［91］Kahn C. The Durable Goods Monopolist and Consistency with Increasing Costs ［J］. *Econometrica*, 1986, 54 (2): 275 – 294.

［92］Kahn L. M. , Murnighan J. K. A General Experiment on Bargaining in Demand Games with outside options ［J］. *The American Economic Review*, 1993 (83) .

［93］Kirchkamp O. , Poen E. and Reiss J. P. Outside Options: Another Reason to Choose the First Price Auction ［J］. *European Economic Review*, 2009, 53 (2): 153 – 169.

［94］Knez M. J. , Camerer C. F. Outside Options and Social Comparison in Three Player Ultimatum Game Experiments ［J］. *Games and Economic Behavior*, 1995 (10): 65 – 94.

［95］Kogut C. A. Consumer Search Behavior and Sunk Costs ［J］. *Journal of Economic Behavior & Organization*, 1990, 14 (3): 381 – 392.

［96］Kuon B. Two-Person Bargaining Experiments with Incomplete Information. Springer Verlag, Berlin, Heidelberg, 1994.

［97］Kuon B. *Two-Person Bargaining with Incomplete Information* ［M］.

Springer Berlin Heidelberg, 1994: 5 – 10.

[98] Lee C. C. , Weg E. and Zwick R. Failure of Bayesian Updating in Repeated Bilateral Bargaining [J]. *Rapoport, A. , Zwick, R. (Eds.) , Experimental Business Research*, 2005, vol. II. Springer: 249 – 260.

[99] Lee J. , Liu Q. Gambling Reputation: Repeated Bargaining with outside Options [J]. *Econometrica*, 2013, 81 (4): 1601 – 1672.

[100] Lippman S. A. , McCall J. The Economics of Job Search: A Survey [J]. *Economic inquiry*, 1976, 14 (2): 155 – 189

[101] Mak V. , Rapoport A. and Gisches, E. J. Competitive Dynamic Pricing with Alternating Offers: Theory and Experiment [J]. *Games and Economic Behavior*, 2012, 75 (1): 250 – 264.

[102] McAfee R. P. , Vincent D. Sequentially Optimal Auctions [J]. *Games and Economic Behavior*, 1997, 18 (2): 246 – 276.

[103] Menezes F. M. , Ryan M. J. Coasian Dynamics in Repeated English Auctions [J]. *International Journal of Game Theory*, 2009, 38 (3): 349 – 366.

[104] Mestelman S. , Welland D. The Effects of Rent Asymmetries in Markets Characterized by Advance Production: A Comparison of Trading Institutions [J]. *Journal of Economic Behavior and Organization*, 1991, 15 (3): 387 – 405.

[105] Miller R. M. , Plott C. R. and Smith V. L. Intertemporal Competitive Equilibrium: An Empirical Study of Speculation [J]. *The Quarterly Journal of Economics*, 1977, 91 (4): 599 – 624.

[106] Millner E. L. , Pratt M. D. and Reilly R. J. Contestability in Real-Time Experimental Flow Markets [J]. *The Rand Journal of Economics*, 1990, 21 (4): 584 – 599.

[107] João M. Inefficient Sales Delays by a Durable Good Monopoly Facing a Finite Number of Buyers [J]. *The RAND Journal of Economics*, 2013, 44

(3): 425 –437.

[108] Muthoo A. On the Strategic Role of outside Options in Bilateral Bargaining [J]. *Operations Research*, 1995, 43 (2): 292 –297.

[109] Napel S. Aspiration Adaptation in the Ultima Tum Game [J]. *Games and Economic Behavior*, 2003 (43): 86 –106.

[110] Nash J. The Bargaining Problem [J]. *Econometrica*, 1950 (18): 155 –162.

[111] Ockenfels A. , Selten R. Impulse Balance Equilibrium and Feedback in First Price Auctions [J]. *Games and Economic Behavior*, 2005, 51 (1): 155 –170.

[112] Orbach B. The Durapolist Puzzle: Monopoly Power in Durable-Goods Markets [J]. *Yale Journal on Regulation*, 2004, 21 (1): 67 –118.

[113] Perry M. An Example of Price Formation in Bilateral Situations: A Bargaining Model with Incomplete Information [J]. *Econometrica*, 1986, 54 (2): 313 –321.

[114] Peterson R. A. , Merino M. C. Consumer Information Search Behavior and the Internet [J]. *Psychology and Marketing*, 2003, 20 (2): 99 –121.

[115] Plott C. R. , Smith V. L. An Experimental Examination of Two Exchange Institutions [J]. *The Review of Economic Studies*, 1978, 45 (1): 133 –153.

[116] Plott C. R. , Sunder S. Efficiency of Experimental Security Markets with Insider Information: An Application of Rational-Expectations Models [J]. *Journal of Political Economy*, 1982, 90 (4): 663 –698.

[117] Rapoport A. , Erev I. and Zwick R. An Experimental Study of Buyer-seller Negotiation with One-sided Incomplete Information and Time Discounting [J]. *Management Science*, 1995, 41 (3): 377 –394.

[118] Rassenti S. , Reynolds S. S. and Smith V. L. , et al. Adaptation and Convergence of Behavior in Repeated Experimental Cournot Games [J].

Journal of Economic Behavior and Organization, 2000, 41 (2): 117 – 146.

[119] Reiter S. Information and Performance in the (New) Welfare Economics [J]. *The American Economic Review*, 1977, 67 (1): 226 – 234.

[120] Reynolds S. S. Durable Goods Monopoly: Laboratory Market and Bargaining Experiments [J]. *The Rand Journal of Economics*, 2000: 375 – 394.

[121] Rose D. E. , Levinson D. Understanding User Goals in Web Search [J]. *Proc. of Int. conf. on the World Wide Web*, 2004: 13 – 19.

[122] Rubinstein A. Game-Theoretic Models of Bargaining: Choice of Conjectures in a Bargaining Game with Incomplete Information [D]. New York: Cambridge University Press, 1985: 99 – 114.

[123] Rubinstein A. , Wolinsky A. Equilibrium in a Market with Sequential Bargaining [J]. *Econometrica: Journal of the Econometric Society*, 1985: 1133 – 1150.

[124] Schotter A. , Braunstein Y. M. Economic Search: An Experimental Study [J]. *Econ. Inquiry*, 1981 (19): 1 – 25.

[125] Schotter A. , Yale M. Braunstein. Economic Search: An Experimental Study [J]. *Economic Inquiry*, 1981, 19 (1): 1 – 25.

[126] Siegel S. , Fouraker, L. E. Bargaining and Group Decision Making, Experiments in Bilateral Monopoly [J]. *The American Catholic Sociological Review*, 1960, 134 (3) .

[127] Skreta V. Sequentially Optimal Mechanisms [J]. *The Review of Economic Studies*, 2006, 73 (4): 1085 – 1111.

[128] Smith V. L. Effect of Market Organization on Competitive Equilibrium [J]. *The Quarterly Journal of Economics*, 1964, 78 (2): 181 – 201.

[129] Smith V. L. Experimental Economics: Induced Value Theory [J]. *The American Economic Review*, 1976, 66 (2): 274 – 279.

[130] Smith V. L. Microeconomic Systems as an Experimental Science

[J]. *The American Economic Review*, 1982, 72 (5): 923 –955.

[131] Smith V. L. Papers in Experimental Economics [D]. Cambridge University Press, 1991.

[132] Smith V. L. , Williams A. W. On Nonbinding Price Controls in a Competitive Market [J]. *The American Economic Review*, 1981, 71 (3): 467 –474.

[133] Smith, Vernon L. An Experimental Study of Competitive Market Behavior [J]. *The Journal of Political Economy*, 1962, 70 (2): 111 –137.

[134] Sobel, Joel. Durable Goods Monopoly with Entry of New Consumers [J]. *Econometrica*, 1991, 59 (5): 1455 –1485.

[135] Sobel J. Durable Goods Monopoly with Entry of New Consumers [J]. *Econometrica: Journal of the Econometric Society*, 1991: 1455 –1485.

[136] Sonnemans Joep. Strategies of search [J]. *Journal of Economic Behavior & Organization*, 1998, 35 (3): 309 –332.

[137] Weg E. , Zwick R. Toward the Settlement of the Fairness Issues in Ultimatum Games [J]. *Econ. Behav. Organ.* , 1994 (24): 19 –34.

[138] Werden G. J. , Joskow A. S. and Johnson R. L. The Effects of Mergers on Price and Output: Two Case Studies from the Airline Industry [J]. *Managerial and Decision Economics*, 1991, 12 (5): 341 –352.

[139] Wilde L. L. The Economics of Consumer Information Acquisition [J]. *Journal of Business*, 1980, 53 (3): S143 –S158.

[140] Williams F. E. The Effect of Market Organization on Competitive Equilibrium: The Multi-unit Case [J]. *The Review of Economic Studies*, 1973, 40 (1): 97 –113.

[141] Wolinsky A. True Monopolistic Competition as a Result of Imperfect Information [J]. *Quarterly Journal of Economics*, 1986, 101 (3): 493 –511.

[142] Zwick R. , Chen X. P. What Price Fairness? A Bargaining Study [J]. *Management Science*, 1999, 45 (6): 804 –823.

［143］Zwick R. , Lee C. C. Bargaining and Search: An Experimental Study ［J］. *Group Decision and Negotiation*, 1999 (8): 463 – 487.

［144］Zwick R. , Rapoport A. and Lo A. , et al. Consumer Sequential Search: Not Enough or Too Much? ［J］. *Marketing Sci*, 2003 (22): 503 – 519.

［145］Zwick Rami. , Ching Chyi Lee. Bargaining and Search: An Experimental Study ［J］. *Group Decision and Negotiation*, 1999, 8 (6): 463 – 487.

后 记

我的博士生涯，比预计的长太多，不是期待中的样子……好在无论是预料之内的还是预料之外的，无论是惊喜，还是惊吓，都过来了，无悔！

最需要感谢的是我的导师史晋川教授，他爽朗的笑声点缀着史门弟子紧张而严肃的学术生涯！衷心感谢他在生活中的宽容和理解！让学生得以在宽松的氛围内完成了学业。但是，这并不妨碍他在学术上的严格要求！他经常提醒我们"要深挖一口井，不要浅造数个坑"，要求我们善于思考，提出问题，深入地挖掘其内在机理，而不是仅仅堆砌数理模型。他对不同学术观点、新兴研究方法的包容、海纳百川的态度，深刻地影响着我的学术观！对史老师善用经济理论剖析经济问题的崇拜，一言难尽！

感谢博士生导师叶航教授！叶老师对学术的热情和志在千里的执着，感染着与其交流请教的每一个人！奋力拼搏在行为经济学前沿，对行为经济学前瞻性、体系化的把握，无不激励和激发着周围同道中人的学术热忱！对我而言，从最初的设想、实验的设计、成文及修改，一路走来，无不是实实在在得到了叶老师的帮助，感铭于心！！

感谢引领我进入实验经济学领域的陈叶烽教授！从学习第一门实验经济学课程到自己第一个实验的小班测试，再到文章成型修改，中间经历了长长的历程。这期间，陈老师的关注和培养历历在目！特别感谢陈叶烽教授对第五章进行了多次修改，提出了大量宝贵意见。曾经常被陈老师开玩笑介绍："这是第一个被我成功忽悠做经济学实验的学生！"这是我的荣幸！陈老师不知道的是，今年听了他的一次学术报告，从问题的提出、理论的推理、实验的设计，步步为营，其严谨程度震惊了我！切切实实的差距，居然如此之大！从此，对诸多学术前辈、同辈甚至后辈们的批评指正，俯首低沉，不再存半点侥幸之心！

感谢导师组的史晋川教授、潘士远教授、张自斌教授、杜立民教授、董雪兵教授、叶兵副教授、张小茜副教授、宋华盛教授！如果每两周一次的学术讨论，是润物无声点滴积累，那么，每次自己汇报过后接受导师组老师的指导点评，就是一次次痛苦的蜕变，一个星期甚至更久都不忍再看一眼自己造的那堆"垃圾"，然而，这之于我是痛却快乐着！

感谢给予我知识、传道授业解惑的所有老师们！

感谢一路与我相伴、互助的同学们！

感恩年近八十的父母还为我们分担困难！只希望双方父母还健在的时间里，为人子女的我们能够多看望、多陪伴他们，分享有爸有妈是块宝的时光！感谢先生彭燿，在生命中这段酸甜苦辣、五味杂陈的日子里，有你携手共度！感谢小儿少禹，你改变了我的生活轨迹，我却如此欣喜！相信今日我们用心的陪伴，定能换你他日独立面对生活的勇气和自信！接下来，在你已长大的日子里，我将修炼自己、活出最好的自己，做你阶段性的榜样！在注定与你渐行渐远的爱的旅途中，享受过程……

邵桂荣

2021 年 3 月于杭州钱塘江畔